本书受山东师范大学经济学院学科振兴计划资助

人口质量、代际扶持与居民家庭消费行为研究

张倩 著

中国社会科学出版社

图书在版编目（CIP）数据

人口质量、代际扶持与居民家庭消费行为研究 / 张倩著. -- 北京：中国社会科学出版社，2024.12.
ISBN 978-7-5227-4468-1

Ⅰ．C924.24；F126.1

中国国家版本馆 CIP 数据核字第 2024TT8021 号

出 版 人	赵剑英
责任编辑	车文娇
责任校对	周晓东
责任印制	郝美娜

出　　版	中国社会科学出版社
社　　址	北京鼓楼西大街甲 158 号
邮　　编	100720
网　　址	http://www.csspw.cn
发 行 部	010-84083685
门 市 部	010-84029450
经　　销	新华书店及其他书店
印　　刷	北京明恒达印务有限公司
装　　订	廊坊市广阳区广增装订厂
版　　次	2024 年 12 月第 1 版
印　　次	2024 年 12 月第 1 次印刷
开　　本	710×1000　1/16
印　　张	10.5
字　　数	142 千字
定　　价	68.00 元

凡购买中国社会科学出版社图书，如有质量问题请与本社营销中心联系调换
电话：010-84083683
版权所有　侵权必究

目　录

第一章　导论 ……………………………………………………… 1

　第一节　研究背景及意义 ……………………………………… 1
　第二节　研究目标与研究方法 ………………………………… 6
　第三节　研究思路与主要内容 ………………………………… 9
　第四节　主要创新点与研究不足 ……………………………… 12
　第五节　相关概念的界定 ……………………………………… 14

第二章　国内外文献综述 ………………………………………… 16

　第一节　居民消费理论形成、发展与演进 …………………… 16
　第二节　中国居民消费相对不足的经验研究 ………………… 22
　第三节　从代际扶持角度对中国居民消费问题的研究 ……… 28
　第四节　本章小结 ……………………………………………… 37

第三章　中国居民消费与家庭代际扶持现状分析 ……………… 40

　第一节　中国居民消费现状 …………………………………… 41
　第二节　中国居民家庭代际扶持现状 ………………………… 46
　第三节　本章小结 ……………………………………………… 64

第四章　老人健康、社会保障与家庭消费行为 ………………… 66

　第一节　老人健康对家庭消费的影响 ………………………… 67
　第二节　父辈医疗保险的家庭外部效应 ……………………… 79

第三节　本章小结 …………………………………… 93

第五章　子女教育与家庭消费行为 …………………………… 95
　　　第一节　父辈期望对家庭消费的影响 ………………… 96
　　　第二节　子女上大学对家庭消费的影响 ……………… 109
　　　第三节　本章小结 …………………………………… 117

第六章　养老与抚幼代际扶持的交互与替代 ………………… 119
　　　第一节　理论模型分析 ……………………………… 120
　　　第二节　计量模型设定与变量选取 ………………… 122
　　　第三节　实证结果及分析 …………………………… 124
　　　第四节　本章小结 …………………………………… 132

第七章　子女婚姻状况对家庭消费的影响 …………………… 134
　　　第一节　影响机制 …………………………………… 134
　　　第二节　计量模型设定与变量选取 ………………… 135
　　　第三节　实证结果及分析 …………………………… 137
　　　第四节　本章小结 …………………………………… 145

第八章　结论与政策建议 ……………………………………… 147
　　　第一节　主要结论 …………………………………… 147
　　　第二节　政策建议 …………………………………… 150

参考文献 ………………………………………………………… 153

后　记 …………………………………………………………… 166

第一章　导论

第一节　研究背景及意义

自 1978 年改革开放以来，中国经济实现持续稳定的高速增长，在全球范围内创造了经济增长的奇迹。2008 年，国际金融危机爆发后，在复杂多变的国际经济环境下中国出口增速不断下降，投资乏力，曾经并肩拉动经济增长"三驾马车"之一的居民消费动力不足，呈现疲软态势。近年来，中国经济面临转型，进入高质量发展的阶段，投资驱动和出口拉动难以为继，消费的作用日益凸显，增强消费尤其是居民消费对经济发展的基础性作用成为促进经济高质量发展的关键所在。通过对中国居民消费基本情况的分析，可知当前中国消费相对不足的现实仍较为明显。国家统计局数据显示，2001—2015 年，中国最终消费率一直维持在 50% 以下，其中居民消费率从 2000 年的 46.4% 持续降至 2010 年的 34.9%[1]，在 2010 年之后虽有所回升，但仍增长乏力。2016 年，中国最终消费率上升为 53.6%，但居民消费率仅为 39%，居民储蓄率高达 36.1%；2017 年最终消费率为 53.6%[2]，居民消费对经济发展的贡献率仍偏低。根据商务部《2017 年中国国内贸易发展回顾与展望》，虽然中国近年

---

[1] 中经网统计数据库（CEIdata），https：//ceidata.cei.cn。
[2] 中经网统计数据库（CEIdata），https：//ceidata.cei.cn。

来最终消费对经济增长的贡献率在稳步上升，最终消费已连续四年成为经济增长的主引擎，但是中国居民消费与人均 GDP 的比值始终较低，人均消费仅为美国的 1/14。最终消费支出占 GDP 的比例在 55% 和 65% 之间波动，与发达国家动辄 80% 的最终消费率[①]相比，中国的最终消费率还有很大的提升空间。党的十九大报告提出："要完善促进消费的体制机制，增强消费对经济发展的基础性作用。"进一步挖掘居民消费潜力是增强消费基础性作用的重要抓手。提升中国居民消费占 GDP 的比重，释放居民消费潜力，扩大居民消费，成为新时代中国经济改革的重要选择，也是学者和决策部门共同关注的重大问题。

研究中国居民消费问题，不可脱离中国如下国情和现实。

第一，中国的教育、医疗体制尚待进一步完善，这增加了居民对未来支出的不确定性，从而提高了预防性储蓄动机。从已有的研究来看，研究居民消费大都从收入不确定性的角度展开。完善的社会保障制度尚未建立，中国居民面临的支出不确定性较大，其对消费行为的影响也较大，来自收入和支出两方面的不确定性使居民增加了预防性储蓄（Meng，2003）。完善的社会保障可以减少消费者对未来的支出不确定性，减少预防性储蓄（Hubbard et al.，1995），进而有效地提高居民消费。因此，研究中国居民消费储蓄行为，不可忽视教育、医疗等公共社会保障政策带来的支出不确定性对家庭内部消费的影响。目前，中国的社会保障体系改革成效显著，养老和医疗保障可以实现较好的覆盖率，但尚存在覆盖面小、实施范围窄、统筹层次低的问题。在教育公共保障政策方面，中国各级教育部门重视在义务教育阶段减轻学校教育和家庭教育负担，然而随着父母对子女的素质要求和教育期望越来越高，校外教育支出成为家庭重要的教育投资和支出。此外，随着经济的发展，人们物质生活

---

① 黄大智：《中国的居民消费在全世界处于什么水平？》，第一财经网，https://www.yicai.com/news/101000332.html。

丰富，婚嫁成本大幅提高，为了提高子女在婚姻市场上的竞争力，父辈会为子女结婚时的高额婚嫁支出进行预防性储蓄，房产市场价格上涨导致为未婚子女购置婚房进行预防性储蓄，这些都对家庭消费产生较大影响。

第二，在中国传统思想文化观念的熏陶和影响下，中国人的观念里普遍存在极强的家庭伦理观念和血缘亲情观念。与西方的独立人格观念不同，中国家庭中的已婚子女除了在抚养下一代方面要付出巨大的心血和代价之外，还要担负赡养老人的责任和义务，向上和向下的代际扶持是中国家庭的重要伦理责任。冯友兰在《中国哲学简史》里说中国是家邦式社会。在儒家学说中，在宗法制社会人的"五伦"（君臣、父子、夫妇、兄弟、朋友五种关系）中，父子、夫妇和兄弟都属于家庭关系，君臣关系和朋友关系分别比照的是父子关系和兄弟关系。由此可知，在中国两千多年的封建社会里，"五伦"的基础就是家庭关系。家庭是社会的核心，是伦理道德最基本的起源。《礼记·大学》中有言："古之欲明明德于天下者，先治其国；欲治其国者，先齐其家。"作为构成社会最基本单元的家庭，家庭成员内部在整个生命周期中都在进行着广泛而持续的互助行为。"不孝有三，无后为大""养儿防老"等观念根深蒂固地存在于中国人的思想中，赡养老人是中国子女们天经地义的责任与义务。费孝通提出，中国的亲子关系不同于西方的"接力模式"，存在着典型的"反馈模式"，即父代抚养子代，子代赡养父代，并同时抚养自己的子代，如此循环。因此，中国家庭在赡养老人、子女教育投入、为子女结婚而储蓄等代际扶持方面的负担较重，居民收入预期不断下降，支出的不确定性增加，消费欲望受到压抑，难以有效释放。

第三，近年来中国人口结构发生较大转变。当现代社会经济发展到一定阶段，伴随着人口出生率的下降和人口数量的减少，人口数量的红利逐渐消失，但人口质量的红利逐渐显现。已有对人口因素与消费的关系的研究大多集中在分析人口结构与消费的关系，在从高出生率向低出生率转变的过程中，不少学者发现，在宏观层面可以通过人口质量红利对人口数量红利的替代起到继续促进经济增长的作用。如 Becker（1993）的子女数量与质量替代选择模型证明了人口质量在经济发展中的作用。而在微观层面分析人口质量因素的研究不多，仅有少数学者研究子女数量与质量的相互替代在家庭消费投资决策方面的影响。并且，关于人口质量的度量，不仅应考量人力资本范畴的健康水平与受教育程度，还应涵盖更宽泛的范畴，如老人拥有的养老和医疗等社会公共保障状况、父辈对子女的质量期望、子女的婚姻状况等。因此，进一步探究代际扶持与家庭消费的关系不可忽视人口质量因素。

具体地，从向上的代际扶持来看，根据全国老龄办公布的数据，中国已经成为世界上老年人口最多的国家。2005—2017 年，中国少儿抚养比逐年下降，而老年扶养比从 2005 年的 10.7% 逐年增加到 2017 年的 15.9%。中国劳动人口占比在 2008 年之前一直保持稳步上升的态势，自 2009 年开始 15—64 岁人口占比出现缓慢下降趋势。20 世纪 80 年代末出生率的持续下降导致中国目前 35 岁左右的青年人口占比较低，出生率近几年也持续保持低位，且没有回升迹象。截至 2017 年年底，中国 60 岁及以上老年人口已达 2.41 亿人，占总人口的 17.3%，人口老龄化持续加剧。预计到 21 世纪中叶，中国老年人口将达 4.8 亿人，占比将达 34.9%。[①] 有专家预测中国将于 2035 年进入超老龄社会，届时，全国 80 岁以上的老年人口将达到 6000 万人，老人消费的尿片可能将超过婴儿尿片。[②] 随着老龄化问题的凸显与人口红利的逐渐消失，社会基本养老金压力增大，养老金缺口与医保缺口长期存在，这都将对中国经济发展产生影响。据统计，在剔除财政补贴后，2014 年全国职工养老保险收支缺口为 1321 亿元，2015 年该缺口超 3000 亿元，全国多个省份养老金入不

---

① 国家发展和改革委员会：《2017 年中国居民消费发展报告》，人民出版社 2018 年版。
② 《智库预警中国超老龄社会八大危机》，https：//www.yicai.com/news/4588887.html，2015 年 3 月 23 日。

敷出。① 2015 年，全国 20 个省份的可支付月数较上年出现明显下滑，可支付月数总体降低，养老基金面临极大压力。在"减税降费""为企业减负"的政策导向下，这种压力还在加剧。② 2017 年，基金征缴收入与基金支出缺口持续扩大。据统计数据，2017 年城镇职工基本养老保险基金总收入 4.33 万亿元，其中，征缴收入 3.34 万亿元，财政补贴 8004 亿元，全年基金总支出 3.8 万亿元。③ 医疗保险基金近年来也开始出现吃紧的迹象，自 2013 年以来，医疗保险基金的支出增幅超过收入增幅，统筹基金的结余率也呈现逐年下降趋势。④

从向下的代际扶持来看，中国式育儿、中国式教育、中国式婚嫁使得抚养扶持、教育扶持和婚姻扶持构成了家庭向下代际扶持的重要内容。计划生育政策实施多年后，"421"类型家庭数目众多，很多家庭都是独生子女家庭。伴随着人口数量红利向人口质量红利的转变，"为子女而活"成为几代人的生活常态。受到"出人头地""光宗耀祖"等传统儒家思想的影响，以及来自社会周遭"赢在起跑线上"等舆论的影响，家庭对子女质量的要求日益提高。中国父母尤其重视子女的教育，对子女寄予殷切希望，家庭将培养子女作为家庭消费计划中的重中之重，对下一代的教育和成长投入越来越多的精力与财力。"望子成龙"与"望女成凤"使家庭预防性储蓄进一步增强，培养成本的增加挤占了家庭其他消费。这种代际扶持从子女幼儿一直延续到成人，甚至在子女成年获得独立的经济能力后，父母仍要为其提供嫁娶的各种扶持。中国父母固守传统习俗，讲究子女结婚的排场与形式，追求体面，从准备彩礼、婚宴，到买

---

① 《2015 年度人力资源和社会保障事业发展统计公报》，http://www.mohrss.gov.cn/SYrlzyhshbzb/dongtaixinwen/buneiyaowen/201605/t20160530_240967.html。
② 中国社科院历年《中国养老金发展报告》数据。
③ 《2017 年度人力资源和社会保障事业发展统计公报》，https://www.mohrss.gov.cn/SYrlzyhshbzb/zwgk/szrs/tjgb/201805/W020220325394406391270.pdf。
④ 《2017 年度人力资源和社会保障事业发展统计公报》，https://www.mohrss.gov.cn/SYrlzyhshbzb/zwgk/szrs/tjgb/201805/W020220325394406391270.pdf。

婚车、婚房，无一不重视面子与形式，高额婚姻消费需要原生家庭的经济支持，有适龄结婚子女的父母会义无反顾地为子女结婚进行预防性储蓄，这为父辈家庭带来经济负担，并对父辈家庭消费产生持续性影响。在父母为子女结婚的各种巨额费用买单的"中国式结婚"面前，"婚不起"成为一种社会现象。

综上所述，在中国现有的社会保障体系下，在人口老龄化、少子化的背景下，经济主体在生命周期内进行的代际扶持行为，使家庭产生强烈的预防性储蓄动机，进而影响家庭消费。在收入约束下，家庭成员质量与所接受的代际扶持强度密切相关。在考虑了老人健康水平、子女的受教育程度、父母对子女的教育期望、子女的婚姻状态后，家庭成员之间的代际扶持行为对居民消费究竟会产生何种程度的影响？中国的社会公共保障政策，如医疗保障和教育保障，是否可以作为家庭代际扶持的补充和替代，进而减轻家庭赡养老人与培养子女的负担？公共社会保障对居民消费潜力的释放影响有多大？"家庭养老"在城乡之间、在不同地区之间有何差异？同时，在家庭养老成为主要养老模式的背景下，养老负担在性别之间是否存在差异？父辈期望如何影响家庭消费？处于不同教育阶段的子女对家庭带来的负担有多大，会在多大程度上挤占家庭其他消费？子女婚嫁与否对家庭消费产生的影响是否存在差异？城乡之间家庭为子女婚嫁所承担的经济负担有何区别？适龄结婚子女的年龄与性别对家庭消费将产生什么异质性影响？本书将就以上问题逐一展开探讨，试图通过分析人口质量、代际扶持与成年已婚家庭消费的关系来回答上述问题。

第二节 研究目标与研究方法

一 研究目标

本书以成年已婚家庭在生命周期内向家庭成员提供的代际扶

持为切入点，从微观家庭的视角，利用世代交叠理论，将人口质量因素纳入微观家庭的消费决策分析框架，着眼于研究成年已婚家庭向上代际扶持和（或）向下代际扶持对家庭消费行为的影响，试图厘清人口质量、代际扶持影响家庭消费的路径。本书研究对于提升中国居民消费、解决养老抚幼的不确定性、促进居民消费潜力的释放和推动经济发展具有重要的理论意义和现实价值。

本书将在以下方面阐述人口质量、养老抚幼代际扶持与家庭消费行为之间的关系。

第一，在向上代际扶持方面，把老人健康水平纳入子女效用函数，研究老人健康状况在多大程度上影响家庭消费行为。同时，对社会公共保障政策的家庭外部效应进行分析，以医疗保险为例研究父辈的医疗保险状况是否可以减轻子代家庭的养老负担，并将其作为"家庭养老"的有效替代，分析对子代家庭消费产生的溢出效应，此外还对该影响在城乡、不同地区以及不同子女性别之间存在的异质性影响进行深入研究。

第二，在向下代际扶持方面，将父辈对子女的质量期望作为衡量子女质量的重要因素，研究父辈对义务教育阶段子女的教育期望与教育投资对家庭消费的影响。基于微观家庭数据，探讨义务教育阶段家庭对子女的高质量期望是否影响家庭消费、如何影响家庭消费以及影响哪些家庭的消费，并就父辈对子女的质量期望影响家庭消费的方式以及对不同家庭的异质性影响展开深入研究；进一步，研究对高等教育阶段子女提供教育扶持如何影响家庭消费，教育公共保障政策的完善是否减轻了家庭抚养子女上大学的负担，高等教育体制改革对居民消费的影响是否在不同地区、不同收入阶层以及城乡之间存在差异。

第三，将老人健康与子女质量纳入家庭效用函数，分析"养老"和"抚幼"代际扶持对家庭消费行为的影响，研究成年已婚家庭所进行的向上代际扶持与向下代际扶持行为是否存在交互作用和替代作用，以及这种交互作用和替代作用对家庭消费的影响。

第四，将子女的婚姻状态作为度量子女质量的因素，研究中国式婚嫁成本是否会强化原生家庭的预防性储蓄、挤出父辈家庭消费、对父母造成较大的经济负担，深入分析未婚适龄子女年龄与性别在挤出父辈家庭消费上的异质性影响。

二　研究方法

本书使用理论分析与实证分析相结合的研究方法。基于现代消费理论，本书建立符合中国当下现实情况的理论分析框架，深入研究微观家庭消费行为。运用微观家庭跟踪调查数据，克服了单纯使用宏观数据对微观家庭的具体消费行为进行解释的失语与弊端，通过详细的实证检验得出贴近中国居民家庭消费行为特征的结论。

在理论方面，本书通过对消费理论的演进过程进行梳理，基于收入函数、消费函数，结合世代交叠模型，建立符合中国现实情况的理论分析框架，以父辈的健康水平、子代的受教育程度、对子女的教育期望、子女的婚嫁状态作为度量人口质量的重要因素，将人口质量因素纳入微观家庭的消费效用函数并进行分析，研究人口质量、成年已婚家庭的代际扶持行为对家庭消费决策产生的影响，并对"养老"与"抚幼"代际扶持行为的交互作用及相互替代性进行分析，厘清人口质量、成年已婚家庭的代际扶持行为影响家庭消费行为的机制。

在实证方面，在微观数据的处理上，本书以微观家庭为观察对象，采用中国家庭追踪调查（CFPS）数据，通过构造多维度变量，对样本进行了更加符合现实的划分，提高了计量结果的准确性；分析了人口质量、成年已婚家庭进行向上代际扶持和（或）向下代际扶持对家庭消费行为具体产生了哪些影响；运用倾向得分匹配法（PSM）、最小二乘估计、托宾估计方法、固定效应、随机效应模型、Logit 模型等估计方法或模型进行实证分析，并对实证结果做出了多维度的稳健性检验，使实证结果更具说服力。

第三节　研究思路与主要内容

一　研究思路

家庭代际扶持行为涉及有限资源在跨代家庭成员之间的重新配置。直观上看，在家庭收入一定的条件下，接受代际扶持的家庭成员数量的增加会加重家庭负担，效用最大化的家庭为平滑消费会改变其消费与储蓄决策。在上述思路下，大量学者在生命周期理论框架下探讨子女数量和老人数量对家庭消费的影响。但是从研究结论来看，子女数量与老人数量的增加对家庭消费的影响存在不确定，甚至可能对家庭消费无影响，现有研究对于接受代际扶持的家庭成员数量与家庭消费之间的关系并未达成共识。这可能是因为研究中忽略了接受扶持的老人和子女的人口质量因素。一方面，虽然中国早已步入老龄化社会，老龄人口数量不断增加，老龄化程度不断加深，但是伴随着医疗卫生和营养条件的持续改善，老人一改往日的羸弱形象，"退而不休"，继续为社会发挥余热。老龄成员的增加是否会加重家庭养老负担尚待商榷。另一方面，中国家庭所抚养的未成年子女越来越少，但父辈对子代的教育投入越来越多，家庭中未成年成员的减少也未必会降低家庭抚养负担，这与父母对子女的期望密切相关。因此，在中国正经历快速的经济转型与人口转变的背景下，研究代际扶持与家庭消费的关系如果忽视人口质量因素，将失之偏颇，影响对中国居民消费基本形势的判断。

本书基于现代消费理论和世代交叠模型，以代际扶持为切入点，借助微观家庭数据，将人口质量因素纳入成年已婚子女的效用函数，研究了代际扶持影响居民家庭消费的作用机制以及社会公共保障政策对居民消费潜力释放的作用。本书的研究思路如图 1-1 所

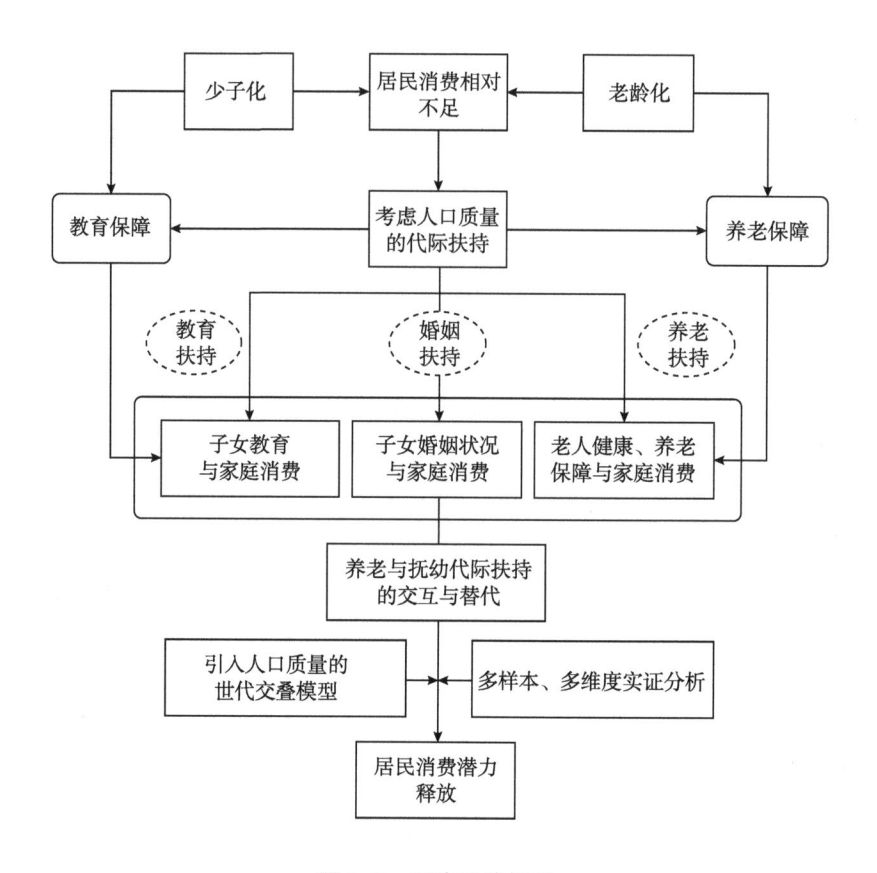

图 1-1 研究思路框架

示。具体来说，本书在梳理和总结文献的基础上，基于中国经济新常态与老龄化、少子化的背景，分析了中国居民消费现状与家庭代际扶持负担，建立符合中国现实的理论分析框架，并将家庭成员人口质量纳入分析，围绕成年已婚家庭的"养老"代际扶持与"抚幼"代际扶持行为对家庭消费的影响展开研究。首先，研究父辈的健康水平与成年已婚家庭消费之间的关系，分析公共医疗保障的家庭外部效应及其对"家庭养老"的替代作用。接着，分析父辈对子代的教育期望、义务教育、高等教育与家庭消费的关系，并探究高等教育体制改革对家庭消费的影响。进一步，对"养老"代际扶持与"抚幼"代际扶持行为的交互作用及相互替代性进行分析，深入研究双向代际扶持之间的交互与替代对居民家庭消费的影响。最后，把子女的婚姻状态作为度量人口质量的因素，分析子女婚姻状态与父辈家庭消费之间的关系。

二 主要内容

主要内容章节安排如下：

第一章，导论。介绍研究背景及意义、研究目标与方法、研究思路与主要内容以及创新点与不足。

第二章，文献综述。对现代消费理论的演进过程进行梳理，总结对中国居民消费相对不足的经验研究，在此基础上从代际扶持角度，对研究人口质量与家庭消费、代际扶持与家庭消费之间关系的文献进行梳理与评述，总结研究盲点。

第三章，分析中国居民消费现状与家庭代际扶持现状。在中国老龄化、少子化以及医疗与教育等公共保障制度改革的大背景下，通过时序分析归纳中国居民消费事实。借助微观家庭数据，分别从家庭的向上养老代际扶持与向下抚幼代际扶持两个角度，总结现阶段中国居民面对教育、养老、婚嫁等不确定性支出时的特点，为理论分析部分提供现实依据。

第四章，将老人健康水平纳入成年已婚家庭的效用函数，在扩展的世代交叠模型下，探究父辈的健康水平与成年已婚家庭消费之间的关系，借助微观家庭数据（CFPS）进行验证，使用倾向得分匹配（PSM）方法进一步进行实证研究，分析社会医疗保险保障制度的家庭外部效应，发现父辈的医疗保险可以减轻子代家庭的养老负担，对子代家庭消费具有溢出效应，公共医疗保障可以在一定程度上替代家庭养老。本章还分析了该影响在城乡、不同地区、不同性别子女之间的异质性。

第五章，在扩展的世代交叠模型下，本章将成年已婚家庭按照子女受教育阶段分为义务教育阶段和高等教育阶段，分别研究义务教育与高等教育对家庭消费的影响。将父辈对子代的教育期望纳入家庭消费效用函数，基于微观家庭数据（CFPS），实证分析家庭对子女的高质量期望、教育投入如何影响家庭消费以及影响哪类家庭消费，对父辈期望影响家庭消费的方式以及对不同家庭的异质性影响展开深入研究。进一步地，研究高等教育与家庭消费的关系以及高等教育体制改革对家庭消费的影响。

第六章，将老人健康与子女质量纳入家庭效用函数，分析"养老"和"抚幼"代际扶持对家庭消费行为的影响，基于微观家庭数据研究成年已婚家庭所进行的向上代际扶持与向下代际扶持行为之间是否存在交互作用和替代作用，以及这种交互和替代如何影响家庭消费。

第七章，将子女的婚姻状态作为度量子女质量的因素，使用微观家庭数据（CFPS），分析子女婚姻状态与父辈家庭消费之间的关系；研究子女未婚是否强化原生家庭的预防性储蓄，挤出父辈家庭消费，并对父母造成较大的经济负担；对适龄未婚子女年龄与性别在挤出父辈家庭消费上是否存在异质性进行深入分析。

第八章，结论、政策建议。总结主要结论以及相关政策建议。

第四节 主要创新点与研究不足

一 主要创新点

本书的创新点主要有以下四个方面。

第一，对社会公共保障政策的家庭外部效应进行研究。本书以医疗保险为例，研究了向上代际扶持与家庭消费的关系。研究结果表明，父辈参与医疗保险能够显著提高子代家庭消费，因此医疗保险可以在一定程度上替代家庭养老，减轻子代家庭的养老负担，社会公共保障效应具有溢出性与家庭外部性。上述结论对现有研究成果进行了一定的拓展。

第二，在向下代际扶持方面，目前并未有学者研究教育支出和预防性储蓄的相对大小。本书创新性地研究了父辈对子女的高质量期望对家庭教育消费支出与非教育消费支出的影响。本书使用微观家庭数据（CFPS）和PSM方法，发现父辈对子女的质量期望一方面提高了家庭教育消费，另一方面通过增加预防性储蓄的方式在更大程度上挤出了家庭非教育消费；父辈对子女的质量期望越高，家庭非教育消费降幅越大。

第三，基于扩展的世代交叠模型，本书从代际扶持角度切入，将老人质量与子女质量纳入成年已婚家庭的效用函数，探讨成年已婚家庭的代际扶持行为影响家庭消费的作用机制，分析双向代际扶持之间的交互作用与替代作用，这在一定程度上对现有研究进行了拓展。从交互作用看，养老负担和抚幼负担越重，家庭消费降得越多。与养老负担相比，抚幼负担对家庭消费的影响更大，养老（抚幼）负担对家庭消费的影响不仅与其自身有关，也与抚幼（养老）负担相关。从替代作用看，抚幼消费会挤出养老消费，在家庭收入约束下，抚幼代际扶持行为优先于养老代际扶持行为。

第四，在人口质量因素的构建上，本书把子女的婚嫁状态作为度量人口质量的因素，分析子女婚姻状况对父辈家庭消费的影响。研究发现，家庭中未婚子女数量越多，家庭消费越少。未婚子女年龄越大，家庭消费越少。与未婚子女数量相比，未婚子女年龄对家庭消费的影响更显著。由于存在子女性别差异和年龄差异，父辈"为子女结婚而储蓄"的行为存在异质性，适龄未婚子女中儿子对家庭消费的挤出效应要大于女儿，并且存在显著的区域差别。

二 研究不足

鉴于时间有限和数据资料的可得性，本书还存在以下研究不足。

第一，微观家庭消费行为具有复杂性，本书没有形成相对成熟的理论分析框架，只是针对具体问题进行具体分析。在分析人口质量、代际扶持与家庭消费之间关系时，分章节构造了分析框架和数理模型，分析形式尚欠系统性。

第二，在微观数据的使用方面，因为数据的可得性和样本容量的限制，本书在变量构造完整性上，存在一定的欠缺。微观家庭调查数据的缺失和历年统计口径的变化，也在一定程度上影响本书实证结论的精确度。

第五节　相关概念的界定

一　人口质量

关于人口与经济的关系，经济学界主要集中在研究人口质量对宏观经济增长路径的影响以及对经济增长的贡献率上。舒尔茨的人力资本理论认为人力资本投资影响人力资本水平，他将教育投资与健康投资作为度量人力资本投资与人力资本水平的两个重要指标。人口质量的范畴应比人力资本水平的范畴更广，因此本书在研究微观家庭成员人口质量因素与家庭消费的关系时，除人力资本范畴以外，还从代际扶持角度进行扩展。本书的人口质量因素包括家庭成员中的老人健康水平、老人拥有的公共社会保障状况、父辈对子女的教育期望、子女的受教育程度、子女的婚姻状况。

二　代际扶持

广义的代际扶持指在完整的家庭关系中，随着生命周期的演进，一个经济主体在其生命周期中所进行的持续的代际互助行为，从未成年被抚养成人，到成年后获得经济独立能力，继而抚养子女并赡养老人，上下代之间存在的经济互惠和生活互助是联结家庭情感的强烈纽带。在未成年与成年之间体现的是成年人对未成年人的抚养关系，在青壮年与老年人之间体现的是青壮年对老年人的赡养关系，在青壮年之间则表现出较强的互助交换关系（王跃生，2008）。这种在子代和父代之间进行的双向扶持包括经济支持和非经济支持，经济支持指为赡养老人和抚幼子女提供经济支持，非经济支持指日常照料和情感支持（穆光宗，2002；薄嬴，2016）。成年人对未成年人进行的抚养抚幼为向下的代际扶持，青壮年对老年人提供的赡养扶持为向上的代际扶持。本书的向上代际扶持特指成年已婚家庭对其父辈的赡养，向下代际扶持特指其对子女的教育扶持以及对子女结婚的扶持。

第二章 国内外文献综述

第一节 居民消费理论形成、发展与演进

一 传统消费理论

20世纪之前的古典经济学认为消费者行为带有明显的社会性与经验性,在很大程度上受到社会习俗、传统文化、习惯、心理特征与社会制度的影响,没有形成统一的古典消费理论。进入20世纪后,现代消费理论在古典消费理论的基础上不断完善和发展,摒弃了古典经济学以人本主义为核心的经济人概念,不再考虑社会习俗、心理特征和社会制度因素,从只研究宏观经济总量不关注微观个体,到建立理论工具和模型框架来研究消费者行为,经历了一个不断前进的曲折过程。新古典经济学建立了一系列以"理性选择"为前提的理论分析框架,在该框架下消费者以实现"效用最大化"为目标,其行为的基本原则是实现自我效用的最大化,不考虑他人的效用,并且假定时间偏好不变、各种收入与资产形式可以完全替代。在该框架下出现了一系列确定性条件下的消费理论。

自20世纪30年代开始,围绕对"收入"的不同解释和"生命周期"概念,出现了以凯恩斯(Keynes)为代表的消费理论。他(1936)在《就业、利息和货币通论》中提出,消费是由收入的绝对量决定的,储蓄倾向随收入的增加而提高,在个人消费储蓄的心理法则下,Keynes阐述了边际的消费倾向递减规律。Duesenberry

(1949) 在《收入、储蓄和消费者行为理论》中提出相对收入假说，认为在稳定的收入增长时期，总储蓄率与收入绝对水平没有关系，而是与利率、收入预期与分配、收入增长率及人口结构等因素有关，收入的分配状况及消费者的相对收入水平决定消费。Duesenberry 将社会、心理因素引入消费函数，提出"棘轮效应"与"示范效应"。在 Duesenberry 的消费函数里，他把可支配收入解释为相对收入水平而不是绝对收入水平。根据这一假说，代表性消费者关注的是消费的相对水平，而不是绝对消费量。据此，当期消费是相对收入的函数，并受到滞后期收入水平和滞后期消费水平的影响。

Modigliani 和 Brumberg（1954）提出生命周期假说，认为理性消费者会根据其一生获得的收入来平滑生命周期内的消费，尽量根据各阶段的情况分配收入，调整其消费与储蓄的配比，在青年期时进行储蓄，在老年期时利用青年期时的储蓄进行消费，呈现出负储蓄的特点。他们第一次把边际效用分析运用到个人储蓄行为分析中。之后，Friedman（1957）提出持久收入假说，他认为持久性（而非暂时性）收入水平决定消费，消费者以实现一生的效用最大化为目标来平滑各个阶段的消费与储蓄。他将"预期收入"引入持久收入的范畴，认为未来收入的不确定性使消费者进行较高水平的储蓄，消费和储蓄与收入水平的绝对值无关。因该理论同生命周期假说结论相近，两者被合称为生命周期—持久收入假说（LC-PIH）。Modigliani 和 Ando（1963）提出了新储蓄理论（储蓄的生命周期假说），取消零利率，引入遗产假设，取消价格不变，把失业率引入模型，认为人的年龄是决定储蓄的一个重要因素，储蓄率与收入无关，首次背离了凯恩斯的公式。

经济学在 20 世纪 60 年代末到 70 年代后期进入快速发展时期，伴随着现实经济问题的不断变化，经济理论不断更新，出现了一系列引入不确定性及消费者跨时选择分析的消费理论。Hall（1978）提出了"随机游走假说"，将理性预期（Rarional Expectation）与不确定性（Uncertainty）纳入生命周期模型和持久收入假说分析框架，提出了理性预期模型。他认为，消费的路径是"随机游走"的，在理性预期与考虑不确定性后，消费者可以更好地平滑消费。假定消费者预测未来消费提高，则消费的即期边际效用比未来期望边际效用要大，消费者会调整即期消费，进而提高整体效用，即消费的变化 $C_{t-1}-C_t$ 不可预见，因此，传统生命周期理论认为的消费与收入密切相关的结论也不再成立。Leland（1968）认为，由于存在未来收入与支出的不确定性，消费者为了平滑一生的消费会进行储蓄以便防范未来不确定的收入冲击带来的风险，进而提出了预防性储蓄理论。该理论打破了确定性均衡条件，因为递减的绝对风险厌恶，效用函数的三阶导数为正。与确定性条件下的消费行为相比，消费者在不确定条件下表现出更谨慎的行为。Sandmo（1970）运用两期模型验证了预防性储蓄理论，Sibley（1975）在此基础上进一步验证了在多期模型中，当边际效用函数为凸时，消费者会进行预防性储蓄。随机游走假说催生了一些新的消费理论。

进入20世纪80年代，Flavin（1981）发现对于可以预测到的收入变化，消费者行为呈现出过度敏感性（Excess Sensitivity）。这之后 Campbell 与 Deaton（1989）提出的过度平滑性（Excess Smothness）对 Hall 的随机游走假说提出了有力挑战，同时催生了一系列新的研究假说，如 Zeldes（1989）和 Caballero（1990）指出过度敏感性与过度平滑性都可以通过预防性储蓄理论来解释。假定劳动收入与未来收入风险正相关，当期收入变化，未来收入风险提高，消费对不可预期收入表现出不敏感，即过度平滑；当期收入与滞后收入相关，当期消费与滞后收入正相关，则消费过度敏感，跨期预算约束成立，过度敏感将会引起过度平滑。Campbell 与 Mankiw（1991）将绝对收入假说和随机游走假说结合起来，提出 λ 假说，认为社会消费需同时是持久收入 Y^p 和当期收入 E 的函数，即 $C_t = \lambda Y_t + (1+\lambda) E_t Y^p$，其中 $0<\lambda<1$，社会中不同个体根据不同的收入决定消费水平，完美地将理性预期持久收入假说与过度敏感性结合起来。Zeldes（1989）提出流动性约束（Liquidity Constrain）理论，指

出由于现实中居民受到金融制度约束，消费者很难通过借贷来满足消费，由于存在这种束紧流动性约束，个人消费水平将低于未受到束紧时的消费水平。此外，未来的流动性约束也会导致消费水平的降低。即便当期没有束紧，但可能在未来束紧这一预期也会降低消费。因此，当期和预期的流动性约束都是影响消费者决策的重要因素。Deaton（1991）与 Carroll（1992）将预防性储蓄与流动性约束理论结合，提出了"缓冲存货"（Buffer-Stock）模型，将消费者的谨慎、缺乏耐心和流动性约束引入理性预期生命周期模型，认为流动性约束的存在会导致消费者通过增加财富积累来抵御未来风险，并设定财富目标以匹配收入风险，当实际财富水平低于此目标时，消费者将增加预防性储蓄，降低消费水平。Carroll（1992，1997）认为缓冲存货可以预防未来收入的不确定性，平滑了消费水平。假设流动性约束是内生的，如果预期未来收入下降，那么消费者将更加谨慎地增加储蓄，减少消费，以应对该不确定性。

预防性储蓄、流动性约束和缓冲存货模型等不确定性条件下的消费理论，可以在一定程度上解释居民的消费行为，但解释力度远低于实证分析的要求（Kaplan，2014）。消费理论自我发展的要求与居民所处消费环境的变化，使现代消费理论在批判与改进中不断发展和完善。为解决上述问题，出现了一系列考虑代际扶持的现代消费理论，研究角度更加贴近现实消费问题。

二 考虑了代际扶持的现代消费理论

代际扶持一直是经济学、社会学与人口学的经典命题，传统消费理论中的消费者效用来源在不断扩展，代表性消费者的效用不仅取决于自身的消费，还与其对其子代与其父代提供的抚养和赡养代际扶持的多寡有关。国内外学者将代际扶持纳入经典的消费函数中，得到了一系列考虑家庭成员人口数量、人口结构所涉及的代际对家庭消费影响的结论。

Samuelson（1958）在生命周期理论的基础上进行发展，最早提出世代交叠概念，Diamond（1965）提出了较成熟的世代交叠模型

(Over Lapping Generation Models，OLG 模型)。基本的模型如下：假设人的一生分为两期，分别是青年期和老年期，即整个经济在 t 期存在两代人：t 期出生的年轻人与 $t-1$ 期出生的老年人。假定家庭中的人口不断新老交替，并假设经济中不存在生产活动，个人在青年期工作获得收入，在消费和储蓄之间分配收入，老年时依靠工作时积累的储蓄与利息收入来维持老年期的消费，没有其他收入来源。年轻与年老时的消费分别为 c_y 与 c_o。年轻一代人和上一代老年人相互交叠，年老一代去世的同时会有新的年轻一代进入家庭的生命周期。假设 t 期出生的年轻人的预算约束为：

$$c_y(t)+s(t)=w(t)$$

$$c_o(t+1)=[1+r(t+1)]s(t)$$

其中，$w(t)$ 和 $r(t)$ 分别为 t 期的工资和利率，个体效用函数为：

$$U(c_y(t),c_o(t+1))=u(c_y(t))+\beta u(c_o(t+1))$$

其中，β 为时间偏好率，假设效用函数满足稻田条件，边际效用一阶导大于零，二阶导小于零，即：

$$u(c)>0,\ u'(c)>0,\ u''(c)<0,\ \lim_{c\to 0}u'(c)=+\infty,\ \lim_{c\to\infty}u'(c)=0$$

为实现效用最大化，在预算约束内求最优解，得到：

$$u'(w(t)-s(t))=\beta(1+r(t+1))u'((1+r(t+1))s(t))$$

根据储蓄函数，可以得到青年期与老年期的消费，分别为：

$$c_y(t)=w(t)-s(w(t),r(t+1))$$

$$c_o(t+1)=(1+r(t+1))s(w(t),r(t+1))$$

该模型使分析经济主体对家庭成员提供的代际扶持行为成为可能。

国内外学者在代际支持的动机上也进行了很多细分研究，主要集中在区分家庭内部代际支持的动机（Barro，1974；Becker，1974；Cox，1987），基本上将这种动机划分为"利己的交换动机"和"无私的利他"两个方面。理论方面最早的文献可以追溯到经济学与社会学中基于"理性经济人"的假设而产生的交换理论，家庭内部的父代与子代之间存在一种"利己"的付出与回报的交换关系，资源在家庭成员内部流动和分配，基于一定的条件进行双向的互换。Samuelson（1958）提出的家庭储蓄需求模型（Household Saving Demand Model，HSDM 模型）属于前者，他认为家庭养育子女的重要动机来自子女具有养老功能，从人口年龄结构的角度研究了子女数量与家庭储蓄之间的关系，认为子女数量作为储蓄的一种替代可以保障老年生活。因此，家庭会增加生育子女来应对未来支出的不确定性，从而减少储蓄增加消费，即少儿抚养比的上升会提高家庭消费率降低储蓄率，可以说这是"养儿防老"的最好解释。Modigliani 和 Cao（2004）也得出了类似的结论，这同生命周期假说的推论一致。

Becker（1974）的社会互动理论从"利他主义"的角度出发，认为个体努力积累财富不止为了自己，也是为了子女，父代会无私地抚养、教育子代，在经济上给予子代扶持。Becker（1981）单方向收入转移的代际交叠模型，认为父代会无私地给予子女经济上的支持和帮助。子女数量与质量之间存在替代关系，在收入一定的约束下，子女数量将挤占父母对每一个子女的培养投入成本，家庭对每个孩子的人力资本投资会下降，消费会减少。

Carmichael（1984）将 Becker 的代际交叠模型从单向扩展为双向，认为代表性消费者的效用水平不仅取决于自身消费，还取决于他从对父代和子代提供的双向的代际扶持中得到的效用。Tian（2016）也将代际扶持扩展为向上和向下两个层面。Choukhmane 等（2013）将代际传递、生育率和人力资本积累引入生命周期，通过构建多期世代交叠模型，研究了家庭储蓄行为与培养子女所需教育花费之间的关系。Wei 和 Zhang（2008，2011）、Du 和 Wei（2010）提出竞争性储蓄动机理论，随着婚姻市场上男性比例远超女性，婚恋市场压力增加，家庭为了提高子女未来在婚姻市场上的竞争力，生儿子的家庭会增加储蓄，并相互竞争，且通过示范效应提高了其他家庭的竞争性储蓄，对居民消费起到显著的抑制作用。

储成兵（2014）将二期代际交叠模型扩展到青少年、中年与老年三期，认为中国家庭的效用函数不再是有限资源在当期消费与未来消费之间的权衡取舍，还包括资源代际分配的权衡。青年受教育时期依靠父母扶持，老年后需要中年期子女进行赡养，并将遗产赠予子女。他将代表性消费者对下一代人的遗赠和对上一代人的赡养进行的双向"利他"代际传递同时引入消费效用函数，研究了中国居民的消费储蓄行为，为中国现阶段消费不足与高储蓄率并存的现象提出了一种解释。

考虑了代际扶持后的消费理论比传统消费理论更能贴近现实中微观家庭的消费决策与行为模式，为经验研究奠定了理论基础。

第二节 中国居民消费相对不足的经验研究

在中国经济高速增长的背景下，居民的消费储蓄行为引发了国内外大量学者的研究，特别是近几年中国高储蓄与消费潜力释放不足的现状持续引起学界关注。对于中国居民低消费的成因，现有文献借用西方经典消费理论进行验证，并对分析模型加以改造，从抑制居民消费的原因等方面进行了多方位的解释，主要原因包括人口结构的变化、公共保障制度变革带来的不确定性、金融市场的不健全和传统文化因素等方面。具体地，主要从以下方面展开研究。

从收入和生命周期角度来看，厉以宁（1992）认为生命周期—持久收入假说无法对改革开放后的所有历史样本予以解释。臧旭恒（1994）分别使用绝对收入假说、相对收入假说和生命周期—持久收入假说理论，检验了中国居民消费行为在不同时期的特征，认为绝对收入假说可以很好地解释中国改革开放以前的居民消费行为，而对于改革开放之后的经济发展阶段，该假说的解释力逐渐弱化。他将城镇居民和农村居民按收入水平分组，构成横截面数据，他的实证研究发现中国1981—1991年城镇与农村居民的消费行为符合相对收入假说，在既定的相对收入水平下，家庭消费水平取决于该家庭所处的相对收入地位。随着收入分配差距的不断扩大，消费的示范效应逐渐增强，且农村居民要强于城市居民。因此，相比绝对收入假说，相对收入假说可以更好地解释改革开放以来中国居民的消费行为。赵志君（1998）用该理论进行实证检验，结果显示理论值无法很好地拟合中国的实际值，只能大体说明中国居民储蓄行为的变化趋势。贺菊煌（1998）使用生命周期假说理论研究了储蓄率与收入增长率的关系，发现储蓄率是否随收入增长率的提高而提高取决于消费者对未来收入的预期，当代表性消费者预期未来收入会增长时，储蓄率会下降。殷善福（2009）使用绝对收入假说与持久收入假说检验农村居民消费与收入的关系，发现在统计上和计量上这两个模型皆适用，而相对收入假说、生命周期理论以及适应性预期模型没有通过实证检验。余永定、李军（2000）认为由于中国金融市场的不健全，生命周期假说与持久收入假说并不能很好地解释中国消费者的行为。

从生命周期框架下的人口结构角度展开，不少学者将人口特征因素纳入实证分析，解释消费和储蓄率的变动趋势，如 Modigliani 和 Cao（2004）、Song 和 Yang（2010）、董丽霞和赵文哲（2011）、刘生龙（2012）等认为，经济高速增长时期劳动力人口比例的上升、预期寿命的延长推高了居民储蓄率。李春琦和张杰平（2009）认为老龄化带来的家庭老年扶养比的提高导致居民消费不足。学界也有不同的观点，如陈彦斌、郭豫媚（2014）认为人口老龄化是中国储蓄率下降的重要原因。李文星等（2008）的研究表明人口年龄结构的变动并不是中国居民消费率低的原因，少儿抚养比的下降对提高居民消费率影响较小，而老年扶养比的影响不显著。Banerjee（2010）、Ge（2011）和 Curtis（2011）等认为，中国 20 世纪 80 年代起制定的计划生育政策最终导致不断增加的劳动力人口与不断上升的高储蓄率。还有学者认为中国老龄人口与年轻人的储蓄率表现出与英美等国完全相反的特点，其储蓄率比工作人口的储蓄率高，如周绍杰（2009）、Chamon 和 Prasad（2010）的研究表明无法准确地用人口结构解释中国微观家庭的消费储蓄行为。汪伟（2010）的经验研究表明人口结构变动可以很好地解释中国人均 GDP 与储蓄率的大部分变动趋势。宏观数据的使用使解释力度大打折扣，Kraay（2000）认为人口结构转变在经济社会发展中是一个相对缓慢的过程，并不能为居民储蓄率的持续提高提供有力证据，因此不能确定人口结构变动对宏观经济的影响。Wei 和 Zhang（2009，2011）使用中国男女性别比例失衡来解释居民高储蓄率，男多女少给婚姻市场带来压力，迫使家庭为提高儿子结婚时的竞争力而进行储蓄。通过对竞争性储蓄理论进行经验分析，他们认为男女性别失衡可以解释 1990—2007 年中国居民储蓄率持续增长的一半。但是陈斌开和杨汝岱（2013）认为中国农村存在更为严重的男女比例失衡问题，但城镇居民的储蓄率高才是造成中国高储蓄率的主要原因。

随着消费理论研究不断根据现实进行调整与突破，传统权威理论在解释居民消费储蓄方面失语，基于确定条件的理论模型不断受到质疑与修改，学者在引入一系列不确定性及消费者跨时选择分析的消费理论框架下，对中国居民消费的不足进行了大量研究。臧旭恒（1994）使用随机游走假说对中国居民家庭预算抽样调查数据进行检验，研究发现中国居民消费行为并不符合"随机游走"特征。还有学者将收入不确定性纳入跨期最优框架研究中国居民的预防性储蓄行为。在引入收入不确定性后，二次效用函数被三阶导数为正的效用函数所取代，居民的储蓄行为相应地发生变化。如刘兆博和马树才（2007）认为中国农村居民的预防性储蓄动机受到不确定性与教育负担等因素的影响。施建淮和朱海婷（2004）对中国 35 个城市的面板数据进行检验，发现中国居民存在预防性储蓄动机。从缓冲存货角度，Wolff（1998）认为大多数家庭的缓冲存货式储蓄行为是为了应付未来收入冲击与支出不确定性的变化。杭斌（2008，2009）分析了习惯形成的原因及其对居民消费的影响，使用 1997—2007 年中国 26 个省份的城镇住户调查数据进行实证检验，发现习惯形成与不确定性可以解释中国城镇居民储蓄率高的现象。龙志和、周浩明（2000）使用预防性储蓄模型研究中国城镇居民消费行为，发现城镇居民存在强烈的预防性储蓄动机。

有部分学者从流动性约束和金融市场不健全和要素市场扭曲角度进行研究。由于金融市场的不健全，居民面对流动性约束时，不管是为了当前效用最大化还是为了年老退休而进行储蓄，都存在强烈的储蓄动机，这符合生命周期特征。万广华（2001）、Kujis（2005）、Aziz 和 Cui（2007）等认为，中国金融市场不健全推动居民和企业进行储蓄，减少消费。然而，随着中国金融体系效率的改善，居民消费率的下降并无大的改观。李涛和陈斌开（2014）从理论方面研究了金融抑制影响中国居民消费行为的机制，并进行了实证验证，研究表明金融抑制存在显著的财富效应，利率在居民消费跨期替代决策中起到关键作用，低利率政策通过财富效应使居民的预期可支配收入下降、储蓄率提高、消费降低。陈斌开和林毅夫（2012）指出金融抑制政策将会导致穷人选择更多的储蓄、富人选择更多的负债，导致收入分配的不公平更加严重。

有部分学者从中国经济转型时期公共福利保障制度因素方面展开研究。李实和 Knight（2002）、Blanchard（2005）、Chamon 和 Prasad（2010）、杨汝岱等（2009）指出，中国在转型时期诸如失业、教育、养老医疗等公共保障体制的变革增强了居民的不确定性，进而强化了居民预防性储蓄动机。何立新（2008）、高梦滔（2010）、甘犁（2010）、臧文斌（2012）等学者研究了养老保险或医疗保险对居民消费的影响。多数观点认为医疗保险可以降低居民对未来的不确定性，如 Hubbard（1995）、臧文斌（2012）、陈赤平（2014）、李晓嘉（2014）认为医疗保险可以挤出预防性储蓄，撬动居民消费。也有相反的观点认为医疗保险会增加居民的预防性储蓄动机，对消费并没有显著的促进作用，如 Starr McCluer（1996）、Kong（2007）、白重恩（2012）认为虽然中国医疗保险和养老保险近年来不断完善，整体覆盖面有了较大提升，但居民消费率逐年走低的趋势并没有发生变化。有些研究因限于数据，只考察了医疗保险对居民单项消费的影响，如马双、臧文斌、甘犁（2011）研究了医疗保险对农村居民食品消费的影响，未能够研究对其他类型消费或对总体消费水平的影响。此外，医疗保险对推动消费的积极作用在不同的收入阶层或家庭成员健康水平方面也表现出较强的异质性，如白重恩（2012）认为，医疗保险对消费的积极作用在低收入或健康水平较差的家庭中更强。还有部分研究认为社会保障对家庭消费的影响不能确定，如 Feldstein（1974）就认为社会保障对消费的影响不确定，其影响取决于资产替代效应与退休效应相互作用之后的净效应。Leung（2002）的研究表明社会保障对消费的促进作用取决于个人财富累积量的变化，如若在退休前有财富剩余，社会保障会提高居民消费和减少财富积累。Barry（1979）认为，社会保障的福利效应可以加强居民的代际遗赠行为，但对消费的影响不大。Akira Yakita（2001）认为，寿命预期的不确定性使社会保障不会对消费或者储蓄产生影响。罗楚亮（2004）、易行健（2008）、周绍杰（2010）、Meng（2003）、Chamon（2010）等认为来自劳动力市场的风险将提高中国居民储蓄行为。陈斌开（2010）等从户籍制度的角度研究居民消费，他认为外来移民在金融市场所受的信贷约束较紧，加之住房、医疗、教育和社会保障不健全，职业不稳定等不确定因素提高了居民预防性储蓄动机，导致储蓄率不断提高。他们的研究表明非城市户籍人口的边际消费倾向比城镇居民低 14.6%。

有学者从收入分配的传导机制对居民消费进行解释，如杨汝岱和朱诗娥（2007）、陈斌开（2012）认为居民收入占国民收入比重在下降，收入分配差距造成的居民收入差距扩大是中国居民消费不足的重要原因。金烨（2011）认为收入差距扩大提高了居民的社会地位寻求成本，进而提高居民储蓄行为。Chamon 和 Prasad（2010）、陈斌开和杨汝岱（2013）的研究发现高收入群体往往储蓄率更高、消费率更低。

从宏观经济政策冲击角度进行的研究中，李广众（2005）在消费者最优消费选择的分析框架内研究了政府支出与居民消费的关系，认为积极的财政政策在总体上有效地拉动了中国经济的增长。李扬和殷剑峰（2007）研究了中国1992—2003年资金流量情况，结果表明居民、企业和政府共同导致了中国的高储蓄率，其中来自政府部门的储蓄推动了2000年以来中国的高储蓄率。

叶海云（2000）、杭斌（2009）、程令国和张晔（2011）从消费文化、消费习惯、家庭偏好等方面解释中国居民储蓄率的上升。金晓彤和杨晓东（2004）指出，中国居民的流动性约束应包括中国特有的传统文化理念的流动性约束，如节俭、不负债等消费习惯对中国居民的高储蓄率有重要影响。叶德珠等（2012）发现中西方文化差异和消费非传统理念造成中国居民消费行为存在"自我控制"。余永定和李军（2000）、叶海云（2000）从消费者"短视"角度进行分析，认为中国居民消费需求乏力的原因是消费者存在短视行为。

通过对文献的有限检索可以看到，对中国居民消费储蓄行为的研究，除了传统的收入—生命周期、经济增长等因素，学界就人口结构、性别比例失衡、预防性储蓄动机、宏观经济政策冲击、资本市场的完善程度、消费者偏好、消费文化和家庭偏好等因素对居民消费行为的影响，展开了丰富的讨论，但结论莫衷一是，这跟微观数据的缺乏不无关系。微观家庭单元构成消费的总体，因此有必要从微观层面更多地将对家庭成员的分析纳入现有研究，特别是在中国传统文化的熏陶下，中国人的观念里普遍存在极强的家庭伦理观念和血缘亲情观念。与西方的独立人格观念不同，中国家庭中的已婚子女除了在抚养下一代方面要付出巨大的心血和代价之外，还要担负赡养老人的责任和义务。在家庭养老与社会养老并存的背景下，不同收入、不同地区及城乡之间的居民消费储蓄动机和消费行为表现出极强的异质性，有必要从代际扶持视角使用微观数据对中国居民的家庭消费行为展开进一步研究。

第三节 从代际扶持角度对中国居民消费问题的研究

代际扶持一直是经济学、社会学的经典命题,上一节对包含代际扶持的消费理论模型进行了梳理。在实证方面,大量国内外学者就此展开了大量的经验研究,研究人口结构、人口质量、社会保障与代际扶持的关系,对中国居民代际扶持问题进行了贴近现实的探索。在中国完整的家庭关系中,随着生命周期的演进,一个经济主体在其生命周期中对家庭成员进行了持续的代际互助行为,代际扶持包括自上而下的抚幼代际扶持与自下而上的养老扶持两个层面(Tian,2016)。从未成年被抚养成人,到成年后获得经济独立能力,继而抚养子女并赡养老人,上下代之间存在的经济互惠和生活互助是联结家庭情感的强烈纽带。成年人对未成年人的抚幼扶持与对老人的赡养扶持表现出较强的互助交换关系(王跃生,2008)。这种在子代和父代之间进行的双向扶持涉及范围广泛,不仅包括赡养老人和抚幼子女所提供的经济支持,还包括代际日常照料和情感支持(穆光宗,2002;薄嬴,2016)。

一 代际扶持与居民消费

(一)双向代际扶持与居民消费

郭志刚、张恺悌(1996)发现子女数量与代际扶持行为显著正相关,代际支持是老人生活中重要的经济来源。李文星和徐长生(2008)使用 GMM 动态面板估计方法,利用中国 1989—2004 年省级面板数据,研究中国人口年龄结构变化对居民消费的影响,结果表明少儿抚养比与居民消费负相关,但这种影响较小;老年扶养比对居民消费的影响不显著。部分学者则得出了相反的结论,孙涛和黄少安(2010)使用宏观时间序列数据,从代际扶持角度切入,认为少儿抚养比对居民消费有显著的促进作用,而老年扶养比则表现出对居民消费较强的挤占作用。

1. 向上代际扶持与居民消费

从向上代际扶持的视角进行的研究主要围绕人口老龄化展开。在影响消费和储蓄的众多因素中，老龄化一直是学术界讨论的重点。这是由于老龄化在一定程度上来说并不可逆，而且经济理论和实证研究均表明老龄化是影响消费率与储蓄率的重要因素。生命周期假说（LCH）认为理性人会统筹一生不同阶段的收支以平滑其终生消费路径，成年期收入高于消费从而储蓄，老年期的消费来自成年期的储蓄。所以，一国老龄人口比重的上升会提高消费率、降低储蓄率。自 LCH 问世以来，国内外学者围绕这一主题主要从宏观层面探讨人口老龄化对居民消费的影响，试图挖掘两者的确切关系。文献认为老年人口过度增加会对居民消费产生负面影响，如贺菊煌（2000）、陈钰芬（2004）、陆杰华等（2004）。Modigliani 与 Cao（2004）认为在老龄化且少子化的背景下，人们倾向用储蓄养老来代替子女养老，从而降低了消费率推高了储蓄率。孟令国（2013）、刘铠豪和刘渝琳（2014）认为，老年扶养比的提高会导致居民消费不足。Leff（1969）对生命周期理论进行了检验，使用跨国横截面数据研究人口年龄结构对居民消费率的影响。他将样本国家分为发达国家和不发达国家两组，得到与 Modigliani 同样的结论。还有不少学者基于生命周期理论与持久收入假说，考察了人口抚养比、人口预期寿命及社会保障等因素对消费和储蓄的影响（Ram，1982；Bloom et al.，2003）。

毛中根等（2013）将学者对中国老龄化与消费的研究结论进行归纳，认为存在如下分类：老龄化有利于消费增长，提高平均消费倾向（王宇鹏，2011）；老龄化不利于消费增长（李春琦和张杰平，2009；李通屏和李建民，2006；孟令国、王清，2013）；老龄化对消费的影响不显著（李文星等，2009）。这表明中国居民储蓄行为与生命周期理论并不一致（范叙春、朱保华，2013）。

也有学者就中国居民消费总体上呈现出的年龄特征进行验证，

认为青年与中年时期的人均总消费支出较高、少儿和老年时期较低（朱勤、魏涛远，2016）。Lee 等（2014）基于 40 个国家的数据分析表明，人口老龄化会通过老年扶养比的变动对一国的劳动力成本与居民消费产生影响。

还有研究认为老龄化对不同群体具有不同影响，如罗根、边馥琴（2003）认为子女对父辈提供的代际扶持与家庭中分担养老负担的子女数量有关，即子女数量越多，每个子女对父代的经济支持越少，养老负担会在子女之间分担。Zimmer 和 Kwong（2003）认为，子女数量与父辈得到的代际扶持之间呈非线性关系，子女数量与老人获得代际扶持的概率在子女数量超过一定数量之后表现出静止状态。Sloan 等（2002）、张文娟和李树茁（2004）认为子女收入高，对父辈的财富转移较多；子女收入低，则对父辈提供的生活与情感照料较多。还有学者就影响代际扶持的因素展开研究，认为代际扶持的强度和量度与父辈及子代的教育程度、个体的经济状况有关，如 Lillard 和 Willis（1997）认为受教育程度高的子女对父母的代际经济转移更高。

有部分研究从中国社会公共保障制度改革带来的不确定着眼，解释家庭的代际扶持行为与中国居民的低消费高储蓄行为之间的关系，基于生命周期和持久收入理论框架下的讨论认为提高社会保障水平有利于促进居民消费，缓解家庭赡养老人的养老压力，降低预防性储蓄，如 Feldstein（1974）、Liemer 和 Rrichardson（1992）、Melvin（2005）、吕光桦和寇国明（2010）展开的研究都验证了这一观点。但此类文献大多集中探讨社会公共保障政策对独立家庭的影响，包括对家庭内部消费、子女的教育投入等的影响（Philipson and Becker，1998）。有学者认为社会保障政策的完善会削弱代际扶持的强度，如丁志宏（2014）认为城市中父辈与子代之间没有经济往来，因为城市的社会公共保障政策对代际扶持产生挤出效应，并且子女的经济状况、教育水平、排行和居住距离显著影响了子女对父母的代际扶持。

鲜有文章就社会保障的家庭外部效应进行探讨，而父辈的社会保障参与状况如何将影响已婚子女家庭的消费决策，特别是在中国特殊的"家庭养老"模式下，子女所承担的养老负担是其日常开支的重要组成部分，父辈的社会保障状况可能是影响子代家庭消费的重要因素。

2. 向下代际扶持与居民消费

部分学者围绕家庭子女数量对抚幼成本与家庭消费的关系展开研究，有的学者认为子女数量与家庭消费成反比，如 Becker（1981）提出子女数量与质量之间存在替代关系，在收入一定的约束下，子女数量将挤占父母对每一个子女的培养投入成本，家庭对每个孩子的人力资本投资会下降，消费会减少。李晓嘉（2014）、郑妍妍等（2013）也得到同样的结论。王建志等（2016）认为子女数量的增加会强化家庭对未来的耐心程度，提高家庭的时间偏好，从而减少即期消费。子女数量的增加加重了抚养负担，家庭选择减少消费（杨继军等，2013）；"生之者众，食之者寡"的人口结构导致较少的产出被消费。在这一思想下，不少学者得出了子女数量与家庭消费负相关的结论（李晓嘉，2014；郑妍妍等，2013）。夏传玲、麻凤利（1995）首次指出子女数量对经济支持没有显著影响。王硕（2016）认为子女数量的减少降低了家庭中父辈获得代际支持的潜在资源。然而，在出生率逐步下降的背景下，家庭平均抚养的子女数量趋于减少，单纯从子女数量方面考察，如果子女数量与家庭消费负相关，中国居民消费率应趋于上升。这显然与现实大相径庭。事实上，关于子女数量如何影响家庭消费的研究结论并不统一。如 Leff（1969）、王欢等（2015）、王领等（2015）在生命周期理论框架下的研究均表明子女数量与家庭消费正相关。但 Micheal 和 Hurd（1986）的经验证据发现有子女与无子女的家庭其储蓄率并无差别。结论的差异可能来源于在没有考虑子女教育程度的前提下，研究子女数量如何影响家庭消费在理论上并不明确，子女作为储蓄的替代品可能增加家庭消费，而子女数量的增加又会加重抚养负担，家庭可能选择减少消费。

（二）从其他角度进行的研究

关于代际扶持的动机方面，Liu 和 Reilly（2004）使用中国济南农村流动人口的数据验证了代际扶持存在利己与利他的混合动机。Cai 等（2006）验证了家庭成员内部之间的代际扶持行为存在无私动机。江克忠（2013）使用中国家庭微观数据（CHARLS）对代际扶持行为进行研究，发现成年子女家庭对父母提供的经济帮助与父母收入水平显著正相关，说明代际扶持行为存在交换动机。孙涛、黄少安（2005）将遗产与馈赠引入效用函数，求解最优化条件，并研究中国居民消费的行为特点。陈飘等（2014）利用扩展的世代交叠模型，将养老保障纳入模型中，研究养老保障制度与储蓄的关系，发现基本养老金与储蓄率负相关。也有学者探讨社会公共保障政策对独立家庭的影响，如教育制度变革影响家庭内部消费、影响对子女的教育投入等（Philipson and Becker，1998）。高梦滔（2011）、时磊（2010）、杨汝岱（2009）等为数不多的作者研究了子女入学或者学杂费减免对家庭消费的影响，为该领域的研究做出了重要贡献。

就现有文献研究来看，学者关于代际扶持对居民消费的影响主要是探讨人口结构带来的影响，并且对两者的关系莫衷一是，在宏观与微观层面均没有得到一致结论。从人口结构切入研究居民的养老抚幼负担对居民消费的影响，所得结果不一致，总结一下有三个原因：一是时间序列的人口年龄数据难以获得，国内学者从人口年龄结构角度分析居民消费不足的文献较少（王霞，2012）；二是消费行为在中国具有较大的异质性，宏观数据无法描述微观家庭的消费行为；三是对人口质量的忽略在一定程度上影响了估计结果的精准度。

二　人口质量与居民消费

从上一节在代际扶持角度上展开的对居民消费的研究结论来看，在微观家庭层面子女数量与老人数量对家庭消费的影响不确定，甚至可能会对家庭消费无影响；现有研究对于接受代际扶持的家庭成员数量与家庭消费之间的关系并未达成共识。之所以如此，可能是忽略了对接受扶持的老人和子女的质量分析。然而，目前学界从人口质量角度展开的研究多集中在探讨人口质量变化对经济增长和技术进步的影响，如在从高出生率向低出生率转变的过程中，Becker（1993）的人口质量对人口数量的替代选择模型证明了人口质量在经济发展中的有利作用。大多数文献从宏观角度研究了人口数量或质量对中国消费率或储蓄率的影响，以及人口质量的变化对促进经济增长的作用，如赖明勇等（2005）、杨建芳和龚六堂（2006）、李德煌等（2013）、蔡昉（2013）都是沿着这一思路展开的。杨成钢、闫东东（2017）研究了人口质量红利对人口数量红利的替代作用，并对人口质量变化对经济增长和技术进步的影响进行分析。部分学者研究人力资本与家庭消费的关系，李通屏（2005）认为教育、医疗等人力资本投资方面的支出是居民面临的不确定性最大的支出项目之一，即家庭成员教育程度与健康水平对家庭消费有重大影响。

（一）子女教育支出与家庭消费

教育支出按发生地点可以分为非自主性消费和自主性消费。前者指为接受学校教育而发生的教育支出，后者指为购买校外教育服务而发生的消费。关于教育与家庭消费关系的研究大体沿着三条主线展开。首先，作为人力资本积累的常见形式，教育需要长期稳定的经济支持，家庭通过储蓄投资等方式为子女教育未雨绸缪，父辈对子代教育的投入会减少家庭消费，高梦滔（2011）、时磊（2010）、杨汝岱（2009）的研究均表明子女入学会减少家庭消费。楚红丽（2008）通过分析北京师范大学全国义务教育阶段家庭教育支出调查研究课题数据认为，中国家庭教育平均教育支出为2622.04元，其中校外支出为2027.59元。闫新华、杭斌（2017）通过分析不同来源的数据也认为，以课外辅导费为主的教育支出增长尤为迅速。所以在义务教育阶段学杂费全免的背景下，教育支出主要表现为购买教育服务而发生的消费。对于为子女教育未雨绸缪而发生的预防性储蓄,刘永平、陆铭(2008)认为,中国家庭之所以存在高教育投入与高储蓄率相伴而生的现象,是养儿防老观念使然。养儿防老显然属于生育的自利动机,这是家庭投资子女人力资本的重要激励。张金宝(2012)对清华大学第三次消费金融调研数据进行分析,认为为子女教育储蓄在家庭储蓄动机中位居第二,仅比应付突发事故和医疗支出少1.5%。杨汝岱和陈斌开(2009)认为高等教育支出显著降低家庭边际消费倾向,为12%,这是中国居民预防性储蓄提高的重要原因。高等教育支出对居民消费有显著的挤出效应,高昂的学费支出使有大学生家庭的消费边际倾向下降12%(杨汝岱,2009),且高等教育相对于义务教育对家庭的负担更重(高梦滔,2011)。

另一方面,从人力资本的收入效应及其对消费的传递效应上展开研究,认为人力资本能够带来个体收入水平的提高(Park,1996;Becker and Chiswick,1966;Ando and Modigliani,1963)。尚昀和臧旭恒(2016)认为,教育投入通过收入传导可以提高家庭消费。燕翔(2014)、王沫凝(2016)认为人力资本可以带来收入效应和筛选效应,教育程度较高的人将获得较高的收入。周其仁(1997)认为农村劳动力的人力资本积累程度决定了就业机会选择的能力,同时与其收入水平和消费水平存在显著的正相关关系。Solon(2004)认为在金融市场不完善和公共教育不健全的情况下,低收入家庭不能对其子代很好地进行教育,这将限制子代教育水平的提高,并通过人力资本对收入的传导机制影响子代获得收入及消费的能力。李谷成和冯中朝(2006)、温涛和杨涛(2017)认为,人力资本投资不足可能是制约居民收入水平提高的重要因素。此外,除最常见的学校教育外,有学者研究非学历教育及职业技能培训的收入效应,如Soctt等(1977)、Benjamin等(2000)认为培训可以增加个体收入水平,进而对消费水平产生影响(周逸先、崔玉平,2001;侯风云,2004)。

再者,教育水平的差异可使个人工资和薪金结构发生变化(舒尔茨,1958,1961),改变微观个体思维模式,从而对家庭消费结构产生影响(肖作平和廖理,2011)。在家庭收入既定的情况下,对子女的教育投资将会挤占其他消费,家庭在受到流动性约束时会表现出平滑消费的行为特征(Deaton,1997;Hall,1978),即为子女上大学而进行预防性储蓄,家庭会降低当期消费水平。在中国目前少子化的背景下,家庭的生育决策更多地从以子女数量为主的"养儿防老"转变为追求子女的高质量,向下代际扶持所付出的各种教育投资增加(刘永平和陆铭,2007),势必挤占家庭资源,从而对家庭消费产生影响。特别是对于中国家庭来说,历来有重视教育的文化传统,家庭对子女人力资本的重视与投入越发提高。目前,子女教育在中国家庭投资意向中仅次于储蓄,位居第二,为子女教育进行储蓄在储蓄动机中位居第一(宋铮,1999;刘永平,2008)。

因此,少量学者从家庭培育子女负担的角度,就子女质量与家庭消费的关系进行了探讨。不同于西方"接力模式"的抚育方式,中国的家庭代际扶持行为并没有在子女成年后终止,而是延续至为子女婚事提供各种扶持,并在父代抚养子代—子代赡养父代—子代抚养第三代的模式里循环不止。总之,增加教育投入能够提高家庭消费总量、提升家庭消费档次(方海永 2012;李军等,2015)。微观层面涵盖人口质量因素的研究不多,研究发现子女数量与质量的替代在家庭消费投资决策方面也起到了重要作用。

(二)老人健康与家庭消费

关于老人健康,多数研究集中在研究社会保险对老人健康的改善方面,如许明(2016)认为新农保政策的实施对老人的健康既有积极作用,又有消极的影响,会导致老人心理健康状况的恶化。关于老人健康与消费的研究极少,就文章的有限检索来看,只有少数学者研究了老人健康与消费的关系,且只限于食品与膳食消费。如邓婷鹤(2017)基于CHNS微观数据研究了老龄人口健康状况与食物消费的关系,认为老年人口身体机能下降和健康状况变差会引起食物消费量的下降。邓婷鹤（2016）的研究表明代际关系重心向下偏移造成老人膳食质量下降从而影响了老人健康。

（三）子女婚姻状况与家庭消费

与婚姻相关的文献大多从社会学角度进行研究，如 Hopkin（2009）认为一个经济主体在通过社会地位的影响寻求配偶时，消费行为和储蓄行为会发生变化。部分文献探讨了性别比例失衡与女性在劳动力市场上参与之间的关系，如 Edlund（2001）。鲜有文献研究代际扶持视角下子女婚姻状况对父辈家庭消费的影响。男女比例失调造成了中国婚姻市场供需失衡的独特现象，即男性过剩与女性短缺的"男性挤压婚姻"现象，婚姻市场的扭曲为家庭带来巨大压力。苗国（2006）、杜双燕（2008）等学者提出婚姻成本论，认为现代社会日益提高的婚嫁成本，使青年男女"难嫁难娶"。王跃生（2008）认为家庭需要为儿子的婚事提前进行预防性储蓄。陶自祥（2011）指出儿子的婚事支出是对父母的一项刚性要求。Wei（2010）认为婚恋市场压力的剧增使众多父母为了提高子女在婚姻市场上的竞争力，为子女结婚进行准备而竞相增加储蓄减少消费，并将这种压力传导到其他家庭当中，进而提出了竞争性储蓄理论，认为这可以解释中国 1990—2007 年家庭储蓄率的高增长。吴书雅（2018）研究了婚姻对家庭关系的影响，养儿防老的思想在中国流传已久，在农村更为严重，父母将为子女准备婚姻大事视为责任和义务，以此来换取年老时子代对自己的赡养保障。所以父辈甘愿为子女结婚而储蓄，呈现出自愿自发地被"剥削"的特点，以提高其子代在婚姻市场上的竞争力。江涛（2013）通过对 1995—2009 年省级面板数据进行实证检验，发现婚姻推迟与居民储蓄率显著正相关，可以解释 70%左右的居民储蓄上升，未婚男女性别比例的上升对经济增长有显著的负面影响。子女结婚难，父母为子女"愁娶愁嫁"，并进行预防性储蓄以提高子女在婚姻市场上的竞争力，基于这个角度可以将子女的婚姻状况视为人口质量的重要度量因素。

第四节　本章小结

　　本章对消费领域的相关理论研究与经验研究进行了梳理和综述。从古典消费理论到新古典消费理论，从确定性条件下的新古典消费理论到不确定条件下的新古典消费理论，国内外学者在生命周期框架下对西方经典消费理论加以改造，对世代交叠模型、预防性储蓄假说消费理论进行了丰富的扩展。大多数国内外学者的研究基于现代消费理论，重点集中在对中国居民高储蓄率低消费率的成因展开研究，除传统的人均收入、生命周期、经济增长速度等因素以外，人口结构、预防性储蓄动机、宏观经济政策冲击、金融市场的完善程度、消费者偏好、消费文化和家庭偏好等因素对居民消费行为的影响也得到了越来越深入的讨论。在中国特殊的城乡二元经济结构下，中国的社会公共保障政策有待进一步完善，来自教育与医疗体制改革的不确定性和来自婚嫁市场的压力与不确定性进一步强化了居民的预防性储蓄动机，社会最重要的消费主体的消费潜力无法释放。在中国传统儒家文化的约束下，中国居民储蓄动机与消费不足的现状受家庭成员特质的影响较大，这种特质不仅与人口结构有关，还同人口质量与家庭成员之间的代际扶持涉及的有限资源的重新配置有密切关系。

　　关于代际扶持的研究，现有文献主要集中在子女数量和老人数量方面，且研究结论并不统一。结论的差异可能是因为：一方面，忽略了家庭对子女的质量需求。在当前中国出生率走低、少子化的背景下，中国家庭所抚养的未成年子女数量虽然越来越少，但父辈对子代的教育投入却越来越多。子女数量的减少未必会降低家庭抚养负担，这与父母对子女的期望密切相关。父辈越发重视对子代的教育投入，教育负担对家庭消费的影响很可能已经超过子女数量的影响。近年来，婚姻市场的高额消费成为一种普遍现象，子女结婚成本、婚姻消费总金额的上升趋势远高于居民收入水平的增长，家庭为了提高子女在婚嫁市场上的竞争力，会未雨绸缪地"为子女结婚而储蓄""为子女结婚而买房"，为子女结婚做准备成为父代家庭进行预防性储蓄与代际扶持的重要内容。父代对子代提供的向下代际扶持应该涉及父代对子代寄予的期望、教育扶持、婚嫁扶持。另一方面，老人的健康状况越来越好，老人数量的增加未必会成为家庭负担，因此老人的质量可能是影响家庭消费的重要因素。虽然中国早已步入老龄化社会，老龄化程度还在加深，老龄人口数量在不断增加，但是伴随着医疗卫生和营养条件的持续改善，老人一改往日的羸弱形象，退而不休，继续为社会发挥余热。随着公共保障政策的完善，老龄成员的增加是否会加重家庭养老负担尚待商榷。所以，在老龄化和少子化的背景下，中国传统文化与家庭观念使代表性消费者的代际传递行为在整个生命周期延续下去，"孝老"与"爱子"行为引致的消费成为家庭效用函数里不可忽视的部分，而探讨家庭"养老"与"抚幼"双向代际扶持对家庭消费的影响不可忽视人口质量因素。但是就本书的有限检索而言，从代际扶持视角研究子女质量对家庭消费储蓄行为影响的文献较少。

综上所述，回顾人口结构与消费的文献不难发现，现有文献大多研究人口数量结构与中国居民消费或储蓄之间的关系，且结论不一致。关于人口质量与居民消费储蓄之间关系的研究极少。大多数文献从宏观角度研究了人口数量或质量对中国消费率或储蓄率的影响，但未能从微观家庭层面展开。随着社会进步、物质精神文化生活的丰富和人们寿命的延长，对人口质量的考虑关系到家庭消费决策，应该被纳入分析框架。在家庭收入一定的条件下，高昂的人力资本投资支出不可避免地会挤占其他消费。目前，中国老龄化问题凸显，社会抚养系数不断攀升，人口数量红利逐渐消失，而人口在其再生产类型转变过程中所产生的经济活动有利性，不只包括人口年龄结构所带来的人口数量红利。随着中国人口素质的逐步提高，人口质量红利渐显，研究居民消费不可忽视人口质量因素。当前，中国老龄化问题越发凸显，子女养育成本日益高涨，对于"上有老下有小"的一代人来说，养老负担、子女教育负担、子女婚嫁负担强化了家庭的预防性储蓄动机，作为社会最重要的消费主体其消费潜力无法释放。因此，在梳理消费理论的基础上，基于国内外研究成果，本书从代际扶持的视角切入，探讨人口质量、代际扶持对家庭消费的影响。通过建立符合中国现实的理论分析框架，探讨家庭养老与抚幼代际扶持行为对家庭消费的影响，并分析中国成年已婚家庭在赡养老人、子女教育投入、为子女婚嫁买单等方面提供的代际扶持对居民消费的影响。进一步地，本书分析养老与抚幼代际扶持行为在家庭内部的交互作用及替代作用。在接下来的章节中，本书将使用大型微观家庭追踪数据（CFPS），验证人口质量、代际扶持对居民家庭消费的影响，试图弥补已有研究的空缺。

第三章 中国居民消费与家庭代际扶持现状分析

改革开放40多年来,中国经历了经济腾飞,经济增长成果可喜,在全球范围内创造了经济增长的奇迹。长期以来,投资拉动与出口拉动是中国经济持续增长的中坚力量。然而,在国际金融危机爆发后,在复杂多变的国际经济环境下,贸易形势严峻,中国外贸出口增速不断下降,国内供需的结构错配失衡。2011年以来,中国全社会固定资产投资增速持续下降(见图3-1),全国基础设施投资增速与房地产开发投资增速乏力。拉动经济增长的"两驾马车"

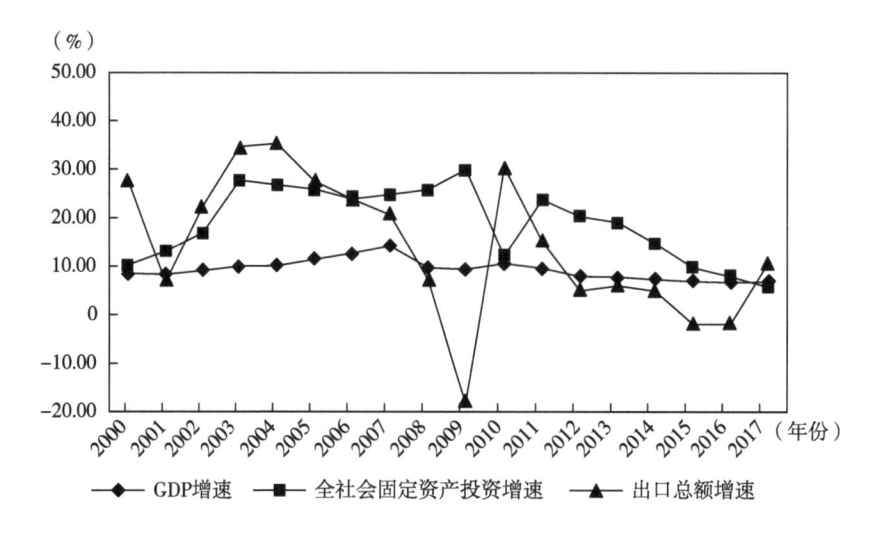

图3-1 2000—2017年中国GDP、全社会固定资产投资与出口总额的增速

资料来源:历年《中国统计年鉴》。

均遭遇"瓶颈",后劲不足,国内生产总值增速自2008年开始持续下降,经济转型成为中国经济持续发展的必然要求。此外,中国储蓄率持续走高的趋势出现新的变化,统计数据显示,中国国民储蓄率及居民储蓄率均表现出下降趋势,国民储蓄率2017年比2008年下降5.8%,居民储蓄率下降1.1%,储蓄率的回落进一步强化了投资增速的下降。当前,中国经济进入新常态,经济增速从高速增长转变为中高速增长,在新常态攻坚期,投资驱动型和出口拉动型经济难以为继,供给侧结构性改革需要较长时间的吸收转变才能作用到经济的重振与复兴。在此背景下,消费的作用日益凸显,消费成为促进经济增长、提升人民生活水平的重要引擎,消费驱动型发展成为中国经济改革的基本方向。进一步提高消费对中国经济的重要意义毋庸置疑,增强消费尤其是居民消费对经济发展的基础性作用成为促进经济高质量发展的关键。

第一节 中国居民消费现状

一 中国居民消费率及与世界主要经济体的国别比较

进入21世纪,2001—2015年中国最终消费率一直保持在50%以下,其中居民消费率从2000年的46.4%持续降至2010年的34.9%[1],之后虽有所回升,但仍增长乏力。近年来,中国经济转向中高速增长,在"转方式、调结构、促增长、惠民生"政策的引导下,中国最终消费对经济增长的贡献率稳步上升,根据商务部《2017年中国国内贸易发展回顾与展望》,2017年最终消费率为53.6%[2],最终消费连续四年成为中国经济增长的主引擎,连续六年占比超过50%。在世界经济复苏一路遭遇波折、中国经济结构性

---

[1] 中经网统计数据库(CEIdata),https://ceidata.cei.cn。
[2] 中经网统计数据库(CEIdata),https://ceidata.cei.cn。

矛盾突出、投资需求和国外进口需求增速明显回落的背景下，消费需求强有力地支持了中国国民经济的平稳增长，在经济生活中发挥了重要的稳定作用。然而，中国居民消费与人均 GDP 的比值始终较低，作为中国最终消费重要构成的居民消费呈现明显的下降趋势（见图 3-2）。居民消费对经济发展的贡献率较低。通过对中国居民消费基本情况的分析，可知消费相对不足仍是对中国居民消费的基本判断，为适应现阶段以居民消费需求为主要推动力的经济发展要求，应进一步增强消费在中国经济发展中的基础性作用，大力提升消费水平对于中国经济而言任重道远且意义重大。

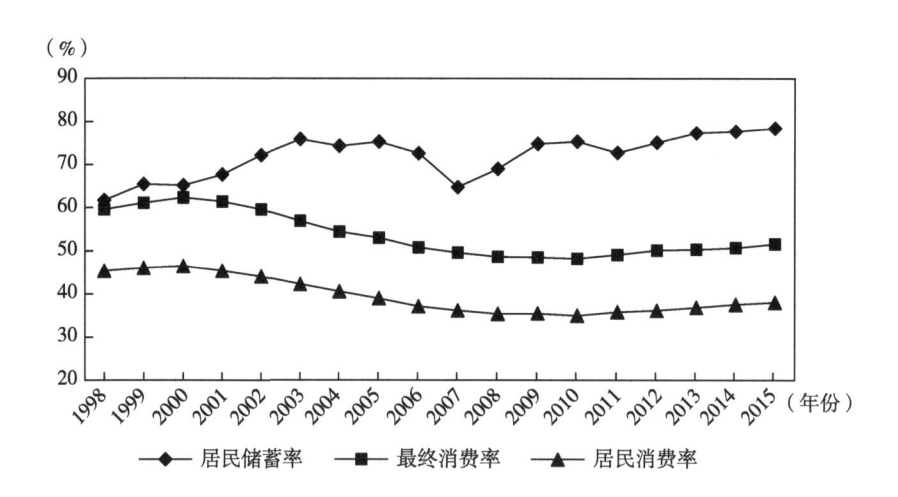

图 3-2 1998—2015 年中国最终消费率、居民消费率与居民储蓄率的变动趋势

资料来源：历年《中国统计年鉴》。

世界银行《世界发展指标数据库》的数据显示，20 世纪 70 年代以来，世界平均消费率在 75% 和 80% 之间。通过与发达国家及部分发展中国家的横向比较可以看到，相较发达国家动辄 80% 的最终消费率，中国的最终消费率还有很大的提升空间，居民家庭消费潜力释放不足的事实依然存在。如图 3-3 所示，自 20 世纪 70 年代以来，美国居民消费率一直在60%以上，中国居民消费率自80年代以来一直呈现下降趋势，虽然中国近年来最终消费对经济增长的贡献率稳步上升，但是居民消费与人均GDP的比值始终较低。国际货币基金组织的数据显示，中国居民消费率长期偏低，最终消费支出占GDP的比重为55%—65%①，人均消费仅为美国的1/14，与2016年美国居民消费率的68.84%、英国的65.80%相比，中国居民消费率与部分发达国家还有较大差距。与中国同属于发展中国家的印度，其居民消费率也一直在55%和60%之间波动。党的十九大报告提出要"完善促进消费的体制机制，增强消费对经济发展的基础性作用"，提升中国居民消费占GDP的比重，增强消费的基础性作用，释放居民消费潜力，扩大居民消费，这是新时代中国经济改革的重要选择和重要抓手，也是学者和决策部门共同关注的重大问题。

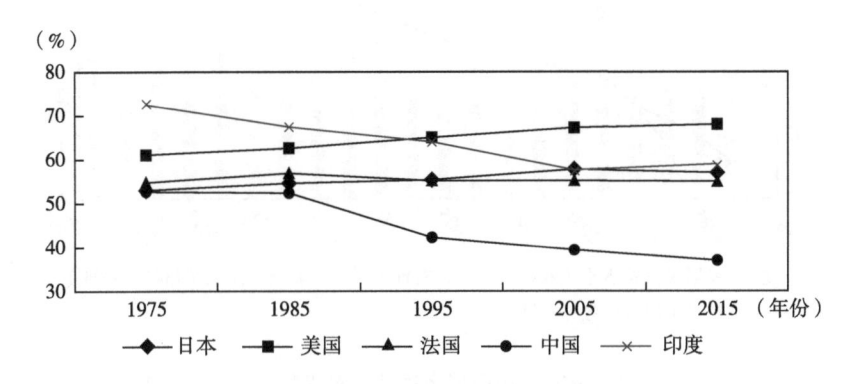

图3-3　主要国家居民消费率比较

资料来源：世界银行。

二　城乡居民消费水平与消费结构

改革开放40多年来，从中国城乡居民消费指数的变化来看，中国城乡居民的消费水平都实现了持续快速的增长。然而，对比中国城乡居民消费水平可以看出，1978—2015年中国城乡居民消费水平

---

① 中经网统计数据库（CEIdata），https://ceidata.cei.cn。

存在明显的巨大差距。其中,绝大多数年份城镇居民消费水平为农村居民消费水平的三倍以上(见图3-4)。臧旭恒(2003)、杨汝岱(2007)等认为,城乡收入分配不均是造成中国城乡居民消费水平差距巨大的重要原因,城镇和农村之间收入分配差距的不断扩大,使广大农村地区居民的收入提升受到限制,进一步制约了中低收入人群的消费能力,扩大了城乡居民消费水平差异。

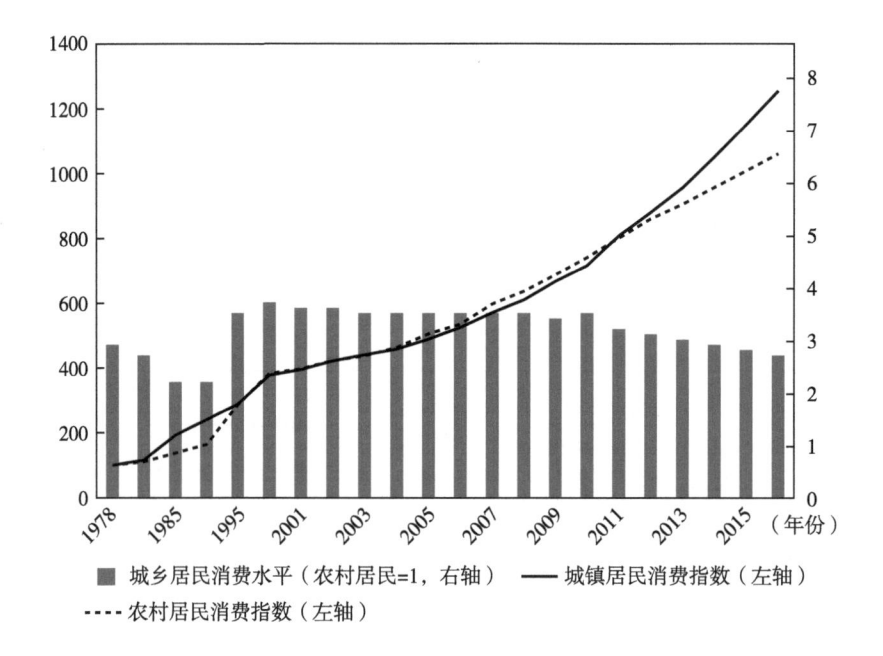

图3-4 1978—2016年中国城乡居民消费指数(1978年=100)

资料来源:历年《中国统计年鉴》。

近年来,中国居民的家庭恩格尔系数一直在36%附近,距欧美国家20%左右的系数值尚存在一定距离。农村居民家庭恩格尔系数一直高于城镇居民,但是近几年出现城乡居民家庭恩格尔系数趋同的趋势(见图3-5),显示中国城乡居民食品消费支出在总消费支出中所占的比重开始慢慢接近,说明中国城乡居民消费结构的差距逐年缩小。

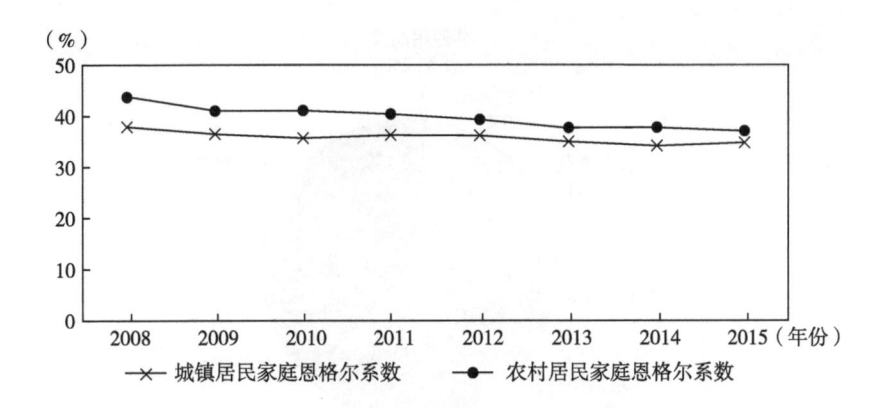

图 3-5　2008—2015 年中国城乡居民家庭恩格尔系数

资料来源：历年《中国统计年鉴》。

2016 年，在中国城镇居民消费中，食品烟酒、居住、交通通信、教育文化娱乐居前四位，分别占城镇居民消费的 29%、22%、14%、11%（见图 3-6）。在中国农村居民消费中，食品烟酒、居住、交通通信、教育文化娱乐居前四位，分别占农村居民消费的 32%、21%、13%、11%（见图 3-7）。其中，居住在中国城镇和农村居民的消费中都位居第二，反映了中国居民重视居住的偏好。

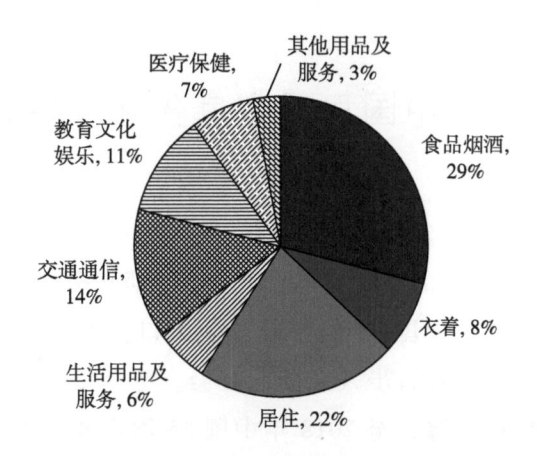

图 3-6　2016 年中国城镇居民消费结构

资料来源：《中国统计年鉴 2017》。

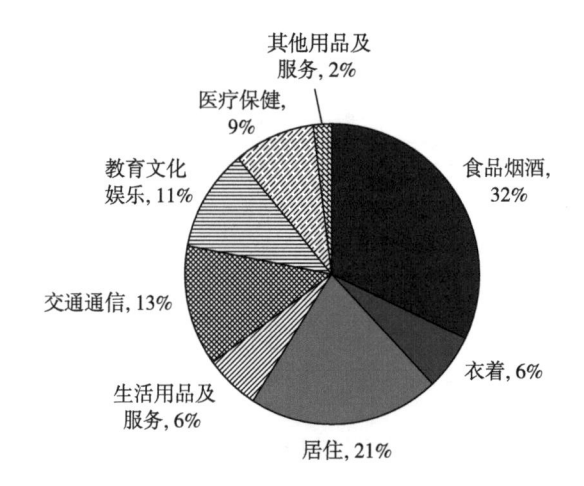

其他用品及服务, 2%
医疗保健, 9%
教育文化娱乐, 11%
交通通信, 13%
生活用品及服务, 6%
居住, 21%
衣着, 6%
食品烟酒, 32%

图 3-7　2016 年中国农村居民消费结构

资料来源：《中国统计年鉴 2017》。

相比之下，城镇居民的衣着消费占比高于农村居民，农村居民的医疗保健占据了消费的较大份额。2016 年，中国城镇居民人均消费支出 23078.9 元，是农村居民的 2.3 倍，在教育文化娱乐、衣着、交通通信、生活用品及服务、食品烟酒等方面的消费结构开始出现趋同迹象。

第二节　中国居民家庭代际扶持现状

一　老龄化与养老社会保障现状

人口老龄化带来的人口结构调整对中国消费率和储蓄率产生重大影响。2001 年，中国 65 周岁及以上人口占总人口的比例达到 7.1%，标志着中国开始步入老龄化社会。劳动适龄人口的比重自 2011 年开始持续下降，至 2018 年中国 65 周岁及以上人口已超过 1.6 亿人（见图 3-8），老龄化程度接近 11%，远远超过同等发展阶段国家的平均水平，而且还在继续快速上升。2017 年年末中国大陆总人口 13 多亿人，比 2016 年年末增加 737 万人。其中，60 周岁及以上人口 2.4 亿人，占总人口的 17.3%，65 周岁及以上人口 1.58 亿人，占总人口的 11.4%。

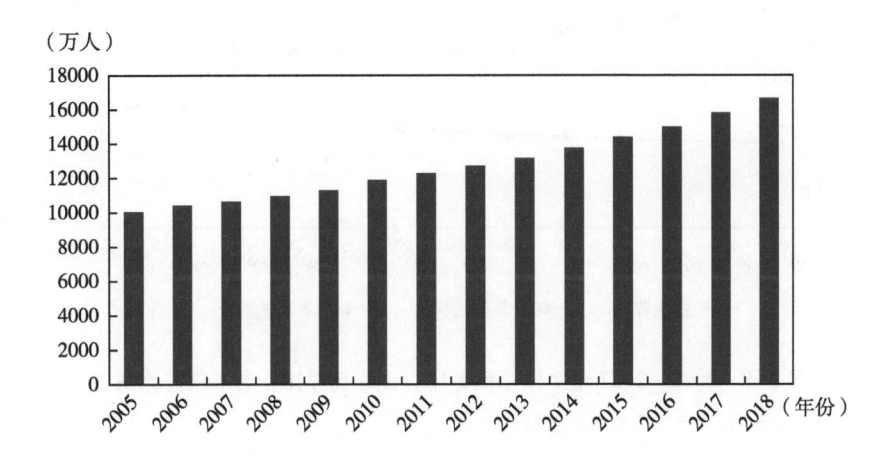

图 3-8　2005—2018 年中国 65 周岁及以上人口变化趋势

资料来源：历年《中国统计年鉴》。

20 世纪 80 年代以来，中国的人口生育率持续处在低增长的水平。目前，80 年代初期出生的人口占比较低，且这部分人口在 20 年后将逐步进入老龄人口区间。同时，随着物质精神文化生活的丰富和人民生活水平的提高，人口平均寿命大幅度提高，老年扶养比不断上升（见图 3-9），老龄化问题必然会影响中国社会经济生活等各方面的发展。

随着经济水平的发展和生活水平的日益提高，人们的生育观念不断转变，近年来中国放开计划生育政策，自 2016 年放开"二孩"政策以来，出生率虽然出现了短暂攀升，但政策效果有限，出生率自 2017 年开始下降，从 2016 年的 12.95%下降至 12.43%（见图 3-10）。生育政策的调整并未能从根本上改变中国老龄化问题进一步加剧的趋势，随着中国新生儿与青壮年人口绝对数量的减少和老龄人口比例的不断上升，预计到 2030 年中国劳动年龄人口占比将下

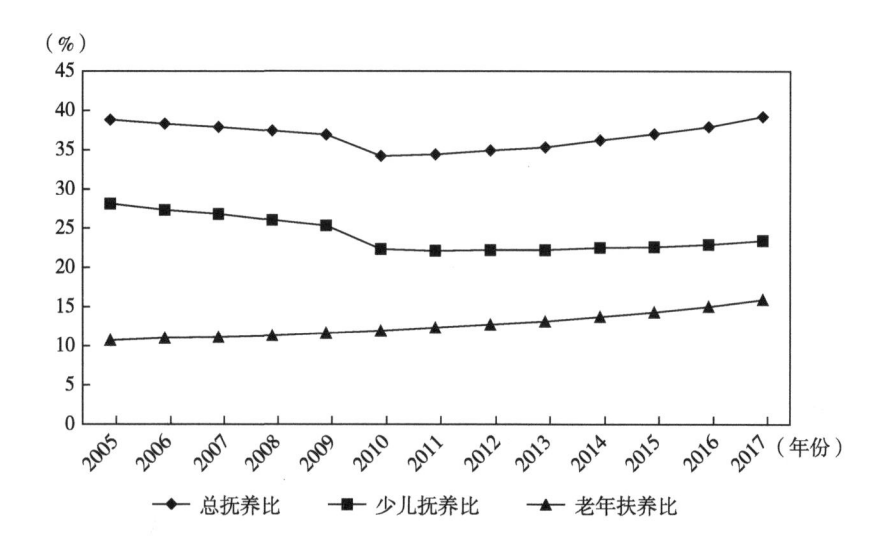

图 3-9　2005—2017 年中国总抚养比、少儿抚养比、老年扶养比情况

资料来源：历年《中国统计年鉴》。

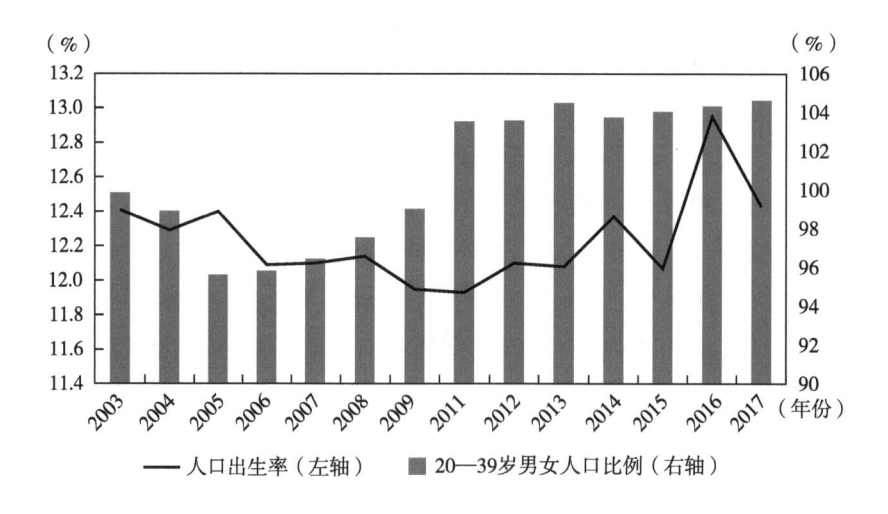

图 3-10　2003—2017 年中国人口出生率走势

资料来源：历年《中国统计年鉴》。

滑超过 5 个百分点。短期来看，中国人口老龄化的基本趋势不会发生实质性变化，因而要完善各项公共养老保障政策，让老龄人口能够"老有所依"。

为老年期生活进行的储蓄被称为生命周期储蓄，取决于个体对退休后收入的预期。伴随着经济社会发展水平的提高，不断完善的社会保障体系会挤出生命周期储蓄。目前，中国尚处在经济体制变革的发展深化阶段，医疗保险和养老保险主要是由政府主导、工作单位（或企业）辅助、个人购买补充三部分构成。经过几十年的改革，党和政府在推进社会保障体系建设上作出了一系列举世瞩目的重大决策部署，先后建立了城镇居民基本医疗保险、新型农村社会养老保险和城镇居民社会养老保险等重要制度，社会医疗保险、养老保险、社会救助等基本养老医疗和生活保障制度成为保障居民基本生存与生活需求的"安全网"。

2017年习近平同志在党的十九大报告中指出，要加强社会保障体系建设，全面建成覆盖全民、城乡统筹、权责清晰、保障适度、可持续的多层次社会保障体系。中国社会养老保障体系的建立分城乡两域独立推进，其中养老保险和医疗保险是社会保障体系的重要组成部分。在各类医疗保险中，城镇职工基本医疗保险、城镇居民基本医疗保险、新型农村合作医疗由政府主导；公费医疗、单位补充医疗保险、公务员医疗补助由企业承担；各种商业医疗保险由个人购买。在各类养老保险中，具有强制性和普遍性的基本养老保险由政府主导，包括城镇企业职工基本养老保险、城镇居民社会养老保险、新型农村社会养老保险；由企业补充的养老保险包括企业年金（企业补充养老保险）；由个人购买的主要是各种商业性的养老保险。中国医疗保险制度是由国家或社会为人民提供医疗服务或经济补偿的一种社会保障制度，分为城镇职工基本医疗保险、城镇居民基本医疗保险和新型农村合作医疗（以下简称新农合），三条主线各自逐步推进。1998年中国开始建立城镇职工基本医疗保险制度，用以补偿劳动者因疾病遭受的风险和损失，保险费用由用人单位与职工共同承担。2003年根据国务院转发的《关于建立新型农村合作医疗制度的意见》，新农合开始试点实行，由政府组织并支持，采取以家庭为单位参保、农户自愿投保的原则，通过个人缴费、集体扶持和政府资助的方式筹集资金，投保家庭需要每年缴纳定额的费用（其中大部分由政府补助），保险主要覆盖的是住院费用。① 针对非从业居民、无城镇职工医疗保险的城镇未成年人和无业居民，2007 年起中国开展城镇居民基本医疗保险试点，继前两项医疗保险制度之后，中国进一步完善了社会医疗保障制度。2016 年年初印发的《国务院关于整合城乡居民基本医疗保险制度的意见》，要求推进城乡医疗保险制度的整合工作。医疗保险制度的逐步完善可以降低居民支出的不确定性，为启动居民消费提供最基本保障。

伴随着社会保险基金收入的增长，基金支出也在不断增加（见图 3-11）。老龄化问题的凸显与人口红利的逐渐消失，使社会基本养老金压力增大，养老金缺口与医保缺口的长期存在都将对中国经济发展产生影响。据统计，在剔除掉财政补贴后，2014 年全国职工养老保险收支缺口 1321 亿元，2015 年超 3000 亿元，全国多个省份的养老金入不敷出。② 2015 年，全国 20 个省份的可支付月数较上年出现明显下滑，可支付月数总体降低，养老基金面临极大压力。在减税降费、为企业减负的政策要求下，这种压力还在加剧。③ 基金征缴收入与基金支出的"缺口"持续扩大。2017 年，城镇职工基本养老保险基金总收入 4.33 万亿元，其中征缴收入 3.34 万亿元，财政补贴 8004 亿元，全年基金总支出 3.8 万亿元。④ 作为社会保险养老制度"三驾马车"之一的养老金缺口增大，削弱了退休后老龄人口生活来源的保障程度。虽然近些年中国养老金每年均以 10% 的速

---

① 地方可以根据实际情况增设缴费档次。参保人自主选择档次缴费、三甲医院报销比例，多缴多得。2014 年新农合参合率在 95%以上，各级财政补助达到人均 320 元，参合农民在政策范围内的住院费用报销比例达 75%，门诊报销比例提高至 50%。

② 《2015 年度人力资源和社会保障事业发展统计公报》，http://www.mohrss.gov.cn/SYrlzyhshbzb/dongtaixinwen/buneiyaowen/201605/t20160530_240967.html。

③ 中国社科院历年《中国养老金发展报告》数据。

④ 《2017 年度人力资源和社会保障事业发展统计公报》，https://www.mohrss.gov.cn/SYrlzyhshbzb/zwgk/szrs/tjgb/201805/W020220325394406391270.pdf。

率上调，但是平均养老金替代率只有46%。世界银行数据显示，养老金替代率至少要在70%，才能保证居民生活水平维持不变。医疗保险基金近年来开始出现吃紧的迹象，从人社部公布的统计公报中可以看出，2013年医疗保险基金收入和支出分别同比增长18.9%和22.7%；2014年分别同比增长17.4%和19.6%；2015年分别同比增长15.5%和14.5%。2016年出现微小的回升，比上年分别增长16.9%和15.6%。医疗保险基金支出增长幅度大于收入增长幅度，统筹基金的结余率也呈现下降趋势。从累计结余来看，2013年累计结余5794亿元，比2012年的4947亿元增加了847亿元，增幅为17%；2014年，累计结余增幅为16%，增幅在持续下降。到2017年，全年医疗保险基金总收入1.79万亿元，支出1.44万亿元，比上年分别增长37%和33.9%。参保人数、基金收入与支出皆呈现"暴风式增长"态势，而医疗保险不像是养老保险①，其扩面的空间有限。

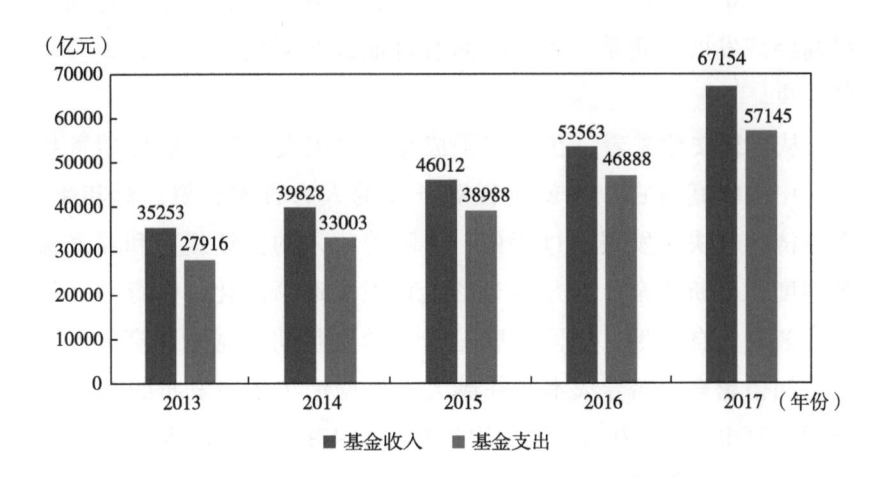

图3-11　2013—2017年社会保险基金收支情况

资料来源：《中国统计年鉴2017》。

---

① 国家可以采取多种措施以平衡收支、提高养老保障。

这就愈加凸显出家庭作为经济发展中的基本经济单位在养老中的重要性。如果父代没有稳定的退休金或保险等生活来源和保障，在中国传统文化"尊老""养儿防老"理念的熏陶下，子代需担负起赡养长辈的责任，从而抑制了子代家庭消费潜力的释放。

二 家庭教育负担与公共教育保障现状

（一）中国义务教育阶段教育负担的经验观察

人力资本投资是家庭对子女进行代际扶持的重要内容，也是提高人口质量的重要途径。中国经济已由高速增长阶段转向高质量发展阶段，提高劳动力质量是当前中国经济增长的迫切需要，也是改善经济运行基础条件、提高经济增长质量的重要内容。教育是提高劳动力质量的重要手段，对子女质量期望较高的家庭可能为子女教育付出更多，这在提高家庭教育消费的同时，也会通过挤出非教育消费的方式，引致家庭增加教育预防性储蓄。若增加的预防性储蓄较多，对子女的高质量期望便会抑制家庭消费。所以，"望子成龙"以及由此带来的高教育投入，一方面有利于提高经济发展的质量，另一方面有可能成为限制进一步扩大内需的约束。

从传统文化来看，在"望子成龙""望女成凤"的希望寄托下，中国家庭自古以来就重视对子女的人力资本投资。近年来，在经济社会快速发展的过程中，伴随着收入的持续提高和养老保障制度的不断健全，养儿防老的生育观念逐渐淡化，生育的利他性逐渐取代自利性，中国家庭对子女的质量期望越来越高。但是质量期望越高，培养成本往往越大。根据汇丰集团发布的《2017全球教育报告》，中国大陆平均教育支出42892美元，居全球第五位，第一位和第四位分别是中国香港和中国台湾。教育需要长期稳定的经济支持，55%的中国家庭通过储蓄投资等方式为子女教育未雨绸缪，远高于英国和澳大利亚。此外，由于生育率逐渐降低，加强对子女的人力资本投资、提高子女质量就显得更加重要。这从对高考状元的全民热议、遍地开花的培训机构及炙手可热的学区房中可见一斑。

义务教育阶段的家庭教育支出，以自愿、非强制性支出为主。北京师范大学教育学院教育调查与数据中心对河北、山西、内蒙古、黑龙江、吉林、辽宁、新疆、宁夏、陕西、山东、安徽、浙江、广东、贵州、云南、河南、湖北、四川18个省份的两万多个家庭展开了访谈和问卷调查，课题组的《全国义务教育阶段家庭教育支出调查》①中的数据显示，2006年上半年城市家庭教育支出为3633.9元，县乡村家庭为1270元，城市家庭的教育支出比县乡村家庭教育支出高2363.9元。家庭教育总支出占家庭年收入的平均比重，在城市为24%，在县乡村为20%，其占家庭总支出的比重在城市为28%，在县乡村为23%。校内支出平均为615.6元，校外支出平均为2027.6元。如图3-12所示，校外支出占家庭教育支出的比重约为校内支出占家庭教育支出的比重的三倍，教育费用支出占比在城市家庭和县乡村家庭中相差不大。

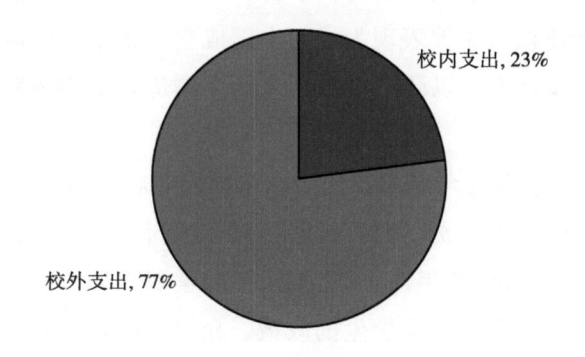

图3-12 义务教育阶段校内、校外支出占家庭教育支出的比重

资料来源：《全国义务教育阶段家庭教育支出调查》。

---

① 课题组在2006—2007年共发放问卷20338份，经淘汰无效、不佳问卷，有效问卷共有18645份。所有样本中，城市样本有9380个，县镇和乡村样本合并为县乡村样本，共计9265个。所有数据均为2006年7—12月的半年支出。研究中，对城市和县乡村两个独立样本作1∶4的加权处理。

(二) 中国高等教育阶段教育负担的经验观察

1997年后高等教育由免费转为收费制，家庭需要缴纳子女上大学的费用，这无疑加重了家庭培养子女的负担，高等教育体制改革带来的支出不确定性是人们进行预防性储蓄的动机，高等教育支出对居民消费有显著的挤出效应，高昂的学费支出使有大学生家庭的消费边际倾向下降12%（杨汝岱，2009），且高等教育相对于义务教育对家庭的负担更重（高梦滔，2011）。高等教育体制改革后，大学各项费用在1996—2008年上涨4.75倍，远远高于居民可支配收入的增长速度（吴斌珍，2011），因大学的学费负担远超人均收入（陈晓宇和闵维方，1999；李文利，2006；Li，2007），出现"因教致贫"现象，并且学费负担及筹集上大学费用的资金来源在不同收入的家庭中表现出异质性（钟宇平和陆根书，2003；张川川和陈斌开，2014）。

随着中国高等教育的改革发展，高等教育学费制度变迁自新中国成立后大体经历了免学杂费、学费双轨和收费并轨改革（全面收费制）三个阶段，主要表现为由新中国成立以来单一的政府财政拨款模式，逐步转变为以政府拨款为主、多渠道筹措高等教育经费的模式。

第一个阶段是免学杂费阶段。新中国成立后到20世纪80年代，大学免除学生的学杂费，教育经费由国家拨付，学生可以享受助学金。第二个阶段是80年代至90年代初的学费双轨阶段。这一阶段国家开始松动公费培养大学生的政策，允许扩招部分走读生，自费走读生需缴纳部分培养费。1985年，中共中央颁布《关于教育体制改革的决定》，提出高校可在完成国家计划的基础上增加"委托培养"和"自费生"，该两类学生需要缴纳部分培养费。1986年，自费大学生1030人，占高校总招生人数的0.18%。1992年，该类学生增至86300人，占比较1986年大幅提升，达11.4%。1993年，国家进一步提出改革国家包学费的做法，逐步实行上大学收费制度。至此，中国高等教育学费不再免费，而是招生与学费并轨。第三个阶段是 1993—1997 年的收费并轨改革阶段。在这一阶段，统一国家计划内招生、委培生、自费生的收费制度，由试点到全国逐步推进展开。大学生不再由国家资助培养，开始收取学杂费，高等教育全面实行收费制。

  2000 年，各省份的物价局、财政厅、教育厅普遍对各个高校提出的学费调整申请给出了批复文件。2005 年、2006 年，国家发展和改革委员会多次下发一系列关于做好并加强高等学校收费工作以及学分制收费管理的通知，旨在严格控制高校以改学分制为名乱收学费、变相大幅涨价或收取其他名目学杂费的乱象，进一步加大了对高校乱收费的检查力度和处罚力度，要求实行学分制收费的高校，其学费不得高于按学年制收费的总额。① 2007 年，国家出台关于高教学费的五年"限涨令"，其指出各地区、各有关部门不再审批出台任何新的高等学校收费项目，严令各大高校五年内不得提高学费与住宿费标准，各项收费不得高于 2006 年的相关标准。部分省份的物价局、教育厅、财政厅的批文明确表明，截至 2012 年，高校学费仍按照 2000 年的收费标准执行，如广东、陕西、重庆、河北、山西、江西等多地的学费一直维持在 2000 年的收费水平。查阅中国 15 个省份、20 多所 "211" "985" 高校的学费收费状况可知，2000—2012 年，全国高校的学费基本维持不变。2012 年以来，天津、江苏、福建、山东、湖北、湖南、广西、贵州、宁夏、浙江、甘肃 11 个省份调整了普通高校收费标准，涨幅多控制在 20% 和 35% 之间。还有学校就部分专业的学费进行了上浮，上涨幅度也严格限制在物价局规定的范围之内。部分省份高校仍一直按照 2000 年公办普通高校本科学费标准收费。可见，与 2002—2012 年 170%—270% 的城乡居民人均收入涨幅相比，学费上涨幅度有限（见图 3-13），家庭中支付给子女上大学的费用占家庭收入的比重很小，对于城镇家庭，

---

  ① 中华人民共和国国家发展和改革委员会：《国家发展改革委关于进一步加强高等学校学分制收费管理的通知》，http://www.gov.cn/zwgk/2006-05/12/content_278644.htm。

该比重由2002年的30%以上下降到2014年的10%—20%，对于农村家庭，该比重由2002年的80%—200%下降到30%—50%①。在五年"限涨令"到期后，各大高校学费才有了一定幅度的上涨，但上涨幅度没有人均年收入的增长速度快，且学费标准调整实行"新生新办法、老生老办法"。直观上看，高校学费不再是家庭的重大经济负担。

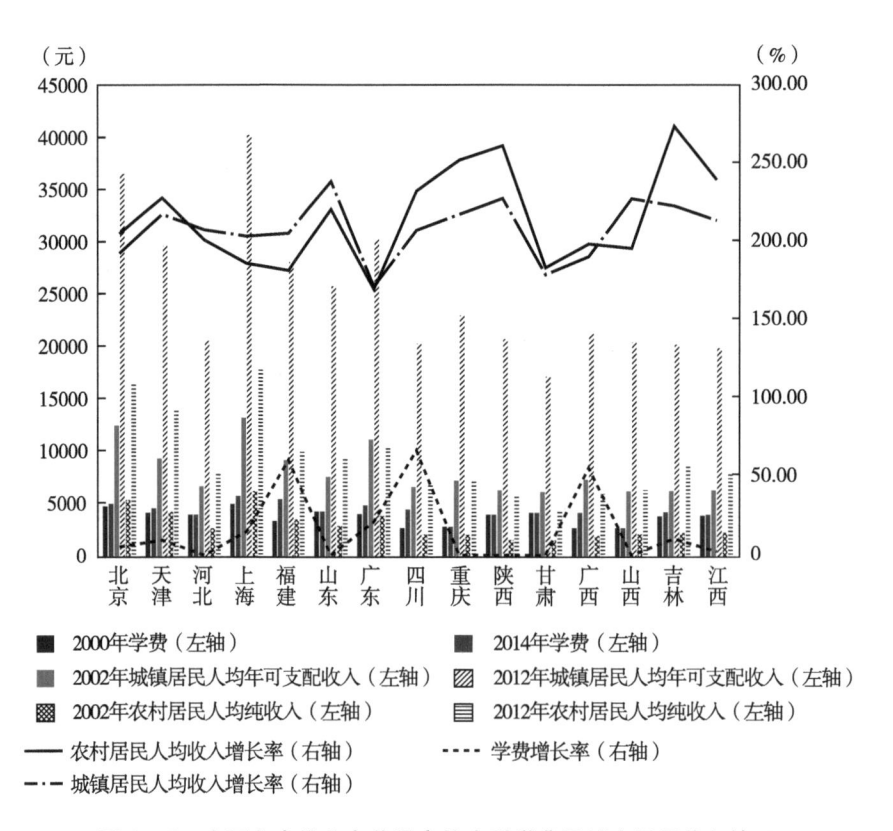

图3-13 中国各省份公办普通高校本科学费及城乡居民收入情况

资料来源：各省份物价局或高校网站，只含公办普通高校本科一般专业平均学费标准（不包括外语类、艺术类、医学、建筑类、软件工程等），不包括研究生、高职高专、民办高校（含独立学院）、中外合作办学学费等，不含三本类院校。

---

① 国家统计局2013年之后更新了统计口径，为准确描绘收入变化，本书选择2002年和2012年两个时间节点观察中国城乡居民人均收入的增长率。

从奖/助学金资助政策的完善情况来看，随着高等教育学费制度的改革以及招生规模的扩大，有子女上大学的家庭需要支付高昂的学费，这增加了家庭支出的不确定性预期，教育支出成为家庭消费支出的重要部分，影响了家庭的整体消费水平。加之改革初期与收费制度相配套的奖/助学金体系尚未建立完善，高校贫困学生人数有所增加，培养大学生的家庭教育负担加重。中国社会科学院经济研究所收入分配课题组1995年和2002年对城乡家庭与个人进行了入户调查，两轮住户调查数据（CHIPS）显示，1995—2002年，家庭人均收入增加48%，同期消费增长速度远远落后于收入增长速度，只增加了7.6%，高等教育改革之后家庭人均教育支出较之前增加3倍之多（杨汝岱，2009），可见自费上大学导致贫困生上学困难，贫困家庭陷入"因教致贫"境遇。为此，1999年6月国务院办公厅转发了中国人民银行、教育部、财政部《关于国家助学贷款的管理规定（试行）》，开始健全和完善奖/助学金、特困生补助、学费减免、助学贷款制度，设立了包括高等教育奖/助学金政策在内的大学生资金援助项目（吴斌珍，2011），对来自低收入家庭的学生发放助学金，对成绩优异的学生发放奖学金，以帮助贫困家庭缓解过重的教育支出负担。但改革初期的资助力度小、资助渠道隐蔽、针对性不强、各类奖/助学金和贫困生补助发放不稳定，保障政策存在诸多弊端和问题，虽然国家的资助规模和资助额度在不断扩张，但效果不尽如人意。2010年清华大学中国经济社会数据中心和高等教育研究院展开第一轮中国大学生调查[1]，调查数据显示，助学金在贫困学生中的覆盖率只达到了

---

[1] 样本采取分层抽样的方式，以北京、上海、天津、东北、东部、中部和西部以及大学类型（1—7个层级）作为分层标准。中国大学生调查从中国2305所学校中随机选取了100所学校作为抽样样本，然后在每所大学内随机抽取学生。第一轮大学生调查从100所大学中选取了19所作为预调查的样本学校，大约一半是"211"高校（其中4所是"985"高校）。抽样的学校分布在中国的11个省份，覆盖中国北部、东北、中部、东部、西南和西北。

47%，有超过一半的贫困生不能得到助学金，而助学金的泄露率在50%以上。① 并且，相关部门尚缺乏统一的资金援助分配方案，大学对贫困学生援助的力度和标准没有具体的统一规定。

2001年教育部、国家计委、财政部下发《关于2001年高等学校招生收费工作有关问题的通知》，要求各地区、各有关部门和各高等学校要继续认真贯彻落实2000年国家资助贫困学生的各项配套改革政策，制定因地制宜的可行措施，坚决落实帮助经济困难学生解决入学和学习期间的经济负担问题，确保学生不因经济困难而辍学。2014年以后，中国高等教育在学生资助方面开始显现出显著成效。截至2014年，国家助学贷款累计发放1200亿元，惠及1.1亿学生。全年国家助学贷款发放金额160多亿元，占2014年大学资助总金额的1/3以上，280万个家庭经济困难学生"学有所依"，占2014年普通高校在校生的1/10以上。2015年7月，教育部、财政部、中国人民银行、银监会联合下发了《关于完善国家助学贷款政策的若干意见》，进一步减轻借款学生的经济负担，由财政全额补贴学生在读期间的贷款利息，延长还本期限，将贷款最长期限延长至20年，并建立了国家助学贷款还款救助机制。如图3-14所示，经过一系列的政策扶持，中国高等教育受

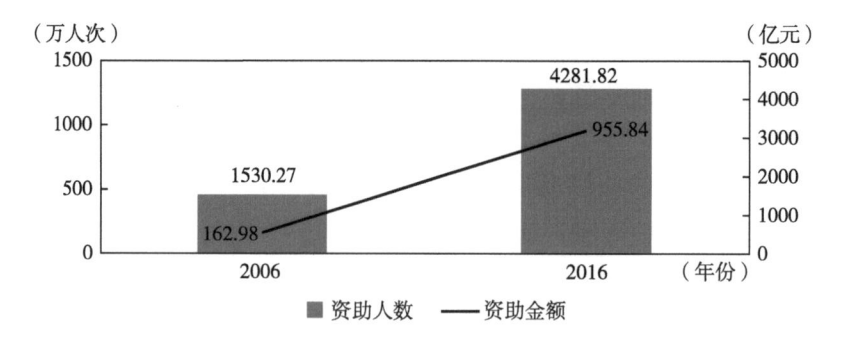

图3-14　2006年与2016年高等教育受资助人数与资助金额情况

---

① 泄露率为非贫困生得到补助的人数占学生总数的比例。

资助学生由 2006 年的 1530.27 万人次增长至 2016 年的 4281.82 万人次，增长 1.8 倍；资助金额由 2006 年的 162.98 亿元增长至 2016 年的 955.84 亿元，增长 4.9 倍。

党的十九大报告明确就提高保障和改善民生水平做出重要规划，将发展教育事业放在优先发展的重要位置上，提出健全学生资助制度，尽力确保让每个学生不因贫困而失去享受公平教育的机会。2017 年，高校学生新资助体系政策实施十周年，中国教育科学研究院发布了《全国高等教育满意度调查报告》[1]，报告显示受助学生规模、资助水平都得到大幅提高，并已经实现了家庭经济困难学生资助的全覆盖。如图 3-15 所示，2007 年，财政部、教育部向全国高校共计下达国家励志奖学金名额 52.14 万个，国

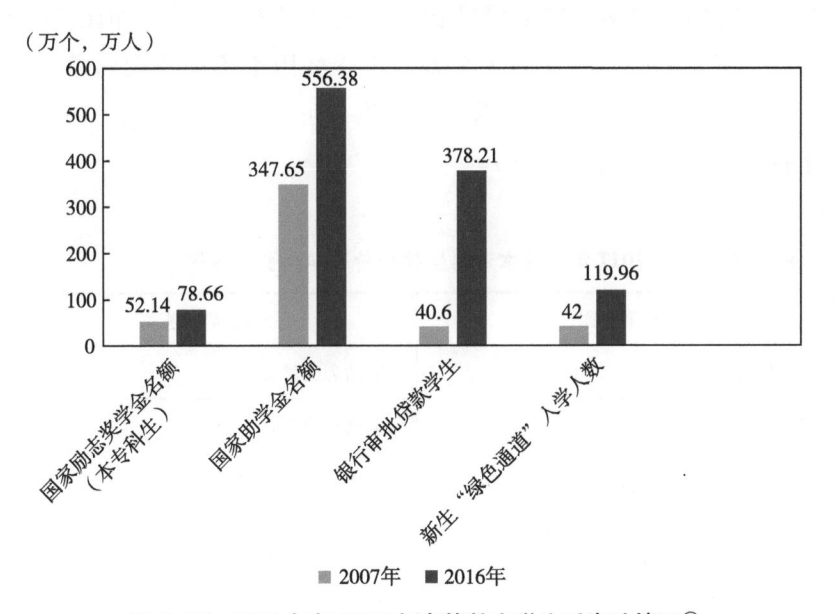

图 3-15　2007 年与 2016 年高等教育学生受资助情况[2]

资料来源：中国教育科学研究院《全国高等教育满意度调查报告》。

---

[1] 中国教育科学研究院于 2016 年 5 月至 6 月开展此次高等教育满意度调查。调查先在各省份抽取普通高校，再在学校层面抽取毕业年级学生。全国共有 350 所高校 4.89 万名学生参加，学生有效样本量 44164 份，其中本科为 22319 份，高职为 21845 份。

[2] 2007 年银行审批贷款学生数为 1—10 月数据。

家助学金名额 347.65 万个，银行审批贷款学生 40.6 万人，通过"绿色通道"入学的本专科家庭经济困难学生 42 万人；2016 年，国家励志奖学金奖励本专科生 78.66 万人，与 2007 年相比受助学生人数增长了 26.52 万，国家助学金资助本专科生 556.38 万人，全国发放国家助学贷款 378.21 万人，通过"绿色通道"顺利入学的学生 119.96 万人。以北京大学、清华大学、中央财经大学等为代表的全国各类高等学府，皆设置了种类众多的学生经济资助措施，包括奖/助学金、助学贷款、学校借款、勤工助学、困难补助、减免学费、经济困难学生入学"绿色通道"等，保证学生不会因为经济上的困难而辍学或影响学业（见表 3-1）。可以说，国家密集出台并强力贯彻大学生资助政策措施，学生资助政策体系逐步完善，可以从制度上保障贫困学生"学有所依"。如图 3-16 所示，在大学生最满意的十个方面中，贫困生资助位列前茅。有平等化诉求的高等教育奖/助学金政策，可以提高学生接受高等教育的机会（刘精明，2008）。

表 3-1　　　　2017 年中国本专科生教育阶段学生资助政策

政策名称	政策名称
国家奖学金	国家励志奖学金
国家助学金	国家助学贷款
基层就业学费补偿贷款代偿	应征入伍服义务兵役学费补偿贷款代偿及学费减免
直招士官学费补偿贷款代偿	师范生免费教育
退役士兵教育资助	新生入学资助项目
勤工助学	校内资助
绿色通道	

资料来源：中国教育科学研究院《全国高等教育满意度调查报告》。

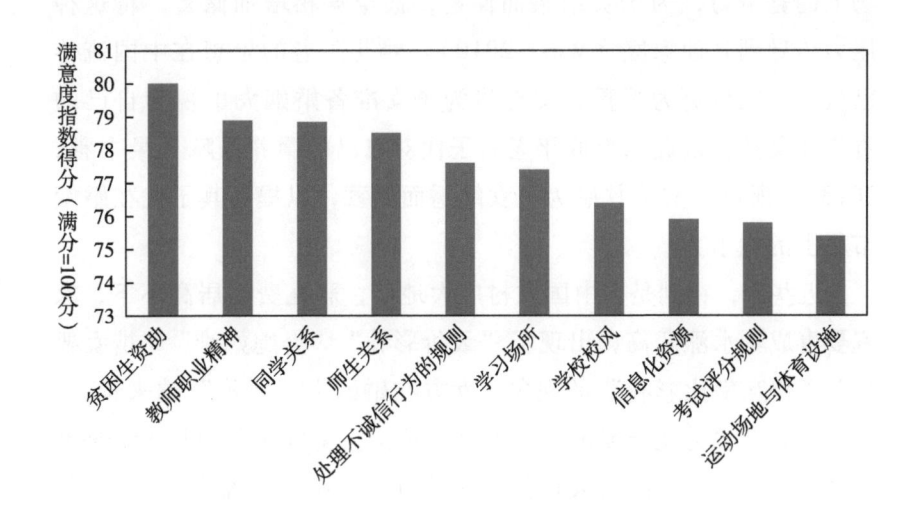

图 3-16　2017 年本科学生满意度最高的十个方面

资料来源：中国教育科学研究院《全国高等教育满意度调查报告》。

三　来自婚姻市场的经验观察

在中国的婚姻市场中，特定区域内的男女比例失调，根据中国第六次人口普查报告，中国 31 个省份和现役军人中，男性人口占比 51.27%，女性人口占比 48.73%，全国范围内总人口性别比与第五次人口普查时相比下降了 1.54 个百分点。全国"80 后"的未婚人口男女比例为 136∶100，"70 后"更加严重，该比例高达 206∶100，男性在同年龄段择偶时面临近 614 万的缺口。① 如果从区域范围来看，中国出生性别比例将会更高。相关报告显示，全国 28 个省份每个村庄平均有近十个男性找不到配偶，该现象在西部地区更为明显。男女比例的失调造成了中国婚姻市场的独特现象，即男性过剩与女性短缺的"男性挤压婚姻"现象。婚姻市场的扭曲为家庭带来巨大压力，众多父母为了提高子女在婚姻市

---

① 中华人民共和国国家统计局：《全国第六次人口普查报告》，http：//www.stats.gov.cn/ztjc/zdtjgz/zgrkpc/dlcrkpc/dlcrkpczl/index.html。

场上的竞争力，为子女结婚而储蓄，甚至竞相增加储蓄，将这种压力传导到其他家庭（Wei，2010）。养儿防老的思想在中国流传已久，在农村更为严重，父母将为子女准备婚姻大事视为自己的责任和义务，以此来换取年老时子代对自己的赡养保障（吴书雅，2018）。所以，父辈甘愿为子女结婚而储蓄，以提高其子代在婚姻市场上的竞争力。

近些年，特别是在中国农村广大地区，彩礼费用居高不下，家庭娶妻成本水涨船高，出现了"天价彩礼""娶媳妇难""携女要价""相互攀比彩礼"的现象。女方在婚姻中"要价"越来越高，加重了父母"为儿子娶媳妇"的沉重负担。父母除了为儿子结婚准备现金彩礼，还要准备大量的实物彩礼，包括"三金"、衣服、新房、新车甚至婚纱照拍摄和婚礼当天礼车租用等花费，婚姻消费额增速远高于家庭的收入增速，远超过家庭的支付能力。

此外，追求婚礼高消费的原因还有相互攀比心理和从众心理，通过婚礼排场的豪华奢侈度来彰显经济实力。将婚礼作为社交的一部分，不能输了"排场"和"面子"也成为家庭为子女婚姻进行储蓄的重要原因。如图3-17所示，结婚花费中婚宴花费与婚礼服务公司花费较高，分别在结婚总花费中占40%与17%。42%的婚礼花费为5万—10万元，23%的婚礼花费为10万—20万元。2016年至2017年上半年，全国各地婚礼平均摆酒席21.5桌。按区域来看，婚礼花费呈现出显著的地域风俗性。南方江浙沪地区花费较高，浙江温州办婚宴桌数最多，平均达到52桌，上海结婚花费平均25万元，比全国平均数高出3倍以上，婚宴平均单价上海最高，达到了每桌7596元，全国第一。北方最高的为北京，婚礼花费平均28万元，婚宴价格平均为每桌6542元。婚礼服务花费排名前十城市见图3-18。2016年国家统计局统计的高端消费中，仅有婚庆费用这一项逆势上涨，2018年婚庆费用继续走高，普遍上涨5%左右。

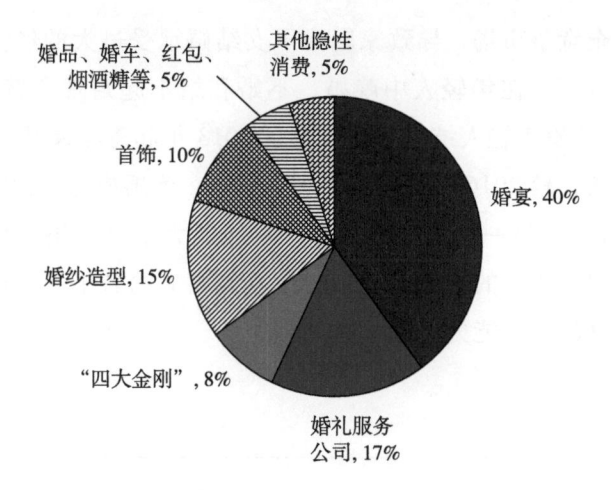

图 3-17 中国婚姻市场结婚花费分布情况

资料来源：婚礼纪大数据。

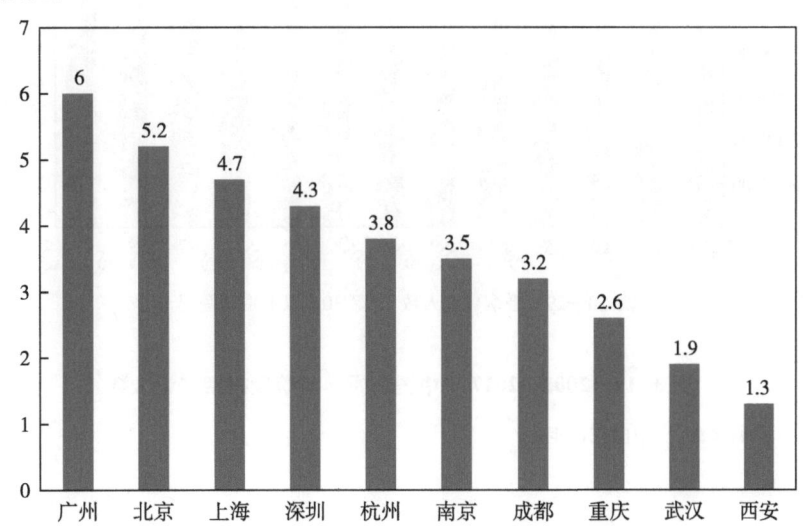

图 3-18 中国婚礼市场婚礼服务花费前十城市

资料来源：婚礼纪大数据。

男女比例失衡在婚姻市场上的最直接影响是使婚姻市场变成了

一个不完全竞争市场，导致家庭为子女结婚承受过大的经济压力和负担。一方面，在年轻人中晚婚、不婚和结不起婚现象普遍存在。中国20—29岁年轻人结婚登记人数自2013年起逐年递减，2017年出现负增长，较2016年下降近1个百分点，晚婚成为一种社会现象（见图3-19）。另一方面，父辈尽一切所能为子女结婚而储蓄，子女结婚对父辈家庭的影响甚至会持续到结婚后的若干年，严重抑制了父辈家庭的消费能力。

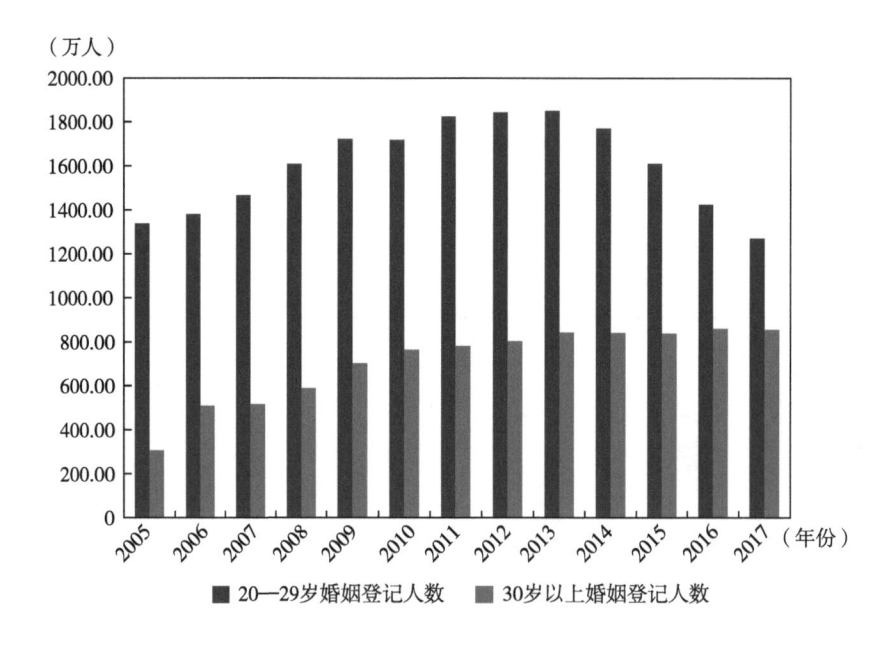

图3-19　2005—2017年中国适婚年龄阶段婚姻登记人数

资料来源：《中国统计年鉴》。

第三节　本章小结

本章分析了中国居民消费与代际扶持现状。随着居民收入预期不断下降，教育、医疗等花费日益昂贵，较之城镇居民，农民的消费欲望受到压抑，难以有效释放。通过与发达国家及部分发展中国家的横向比较，可以看到中国的最终消费率还有很大的提升空间，中国居民消费占比明显较低，还有很大的释放空间。随着中国老龄化问题愈加凸显和子女教育成本日益高涨，对于"上有老下有小"的成年已婚家庭来说，较大的养老负担和抚幼负担增加了已婚子女家庭的预防性储蓄动机。特别是在中国传统思想文化观念的熏陶和影响下，中国人的观念里普遍存在着极强的家庭伦理观念和血缘亲情观念，受到浓厚的"孝"文化浸染，尊老爱幼传统使老幼被扶持等代际扶持行为贯穿于一个经济主体的整个生命周期。成年已婚子女家庭进行向上的代际扶持主要体现在老人晚年生活依靠子女赡养，子女为维持老人健康水平提供医疗就医保障、改善老人的老年生活质量等。加之中国"421家庭"日渐增多，老龄化和"空巢化"皆呈现加剧趋势，这无疑增加了成年已婚子女的养老负担。在向下的代际扶持方面，受"出人头地""光宗耀祖"等传统儒家思想的影响，中国父母尤其重视子女的教育，对子女寄予殷切希望，家庭对子女的教育投入从子女幼儿延续到成人，即使子女成年并获得独立的经济能力，父母仍要为其提供婚姻嫁娶的各种扶持，来自竞争型社会的"攀比"风进一步强化了父母为子女结婚而进行储蓄的行为。同时，本章还梳理了中国公共保障政策改革的成果，虽然近些年社会保障政策不断完善，但是来自教育与医疗体制改革的不确定仍然是居民进行预防性储蓄的重要动机。

中国式养老、中国式育儿、中国式教育、中国式婚嫁使抚养扶持、教育扶持和婚姻扶持构成了中国家庭代际扶持的重要内容。家庭中的成年已婚子女家庭进行向上和向下代际扶持的责任尤为突出，并由此产生强烈的预防性储蓄行为，这成为影响家庭消费的重要因素。作为社会最重要的消费主体，成年已婚家庭的消费潜力受到不确定性的抑制，无法充分释放。

第四章　老人健康、社会保障与家庭消费行为

对中年夫妇而言，父母进入老年期，老人的健康、医疗费用、社会养老医疗保障等将影响中年家庭有限财富的代际重新分配，进而影响家庭消费决策。现有的研究多集中在从老龄化视角探讨老人数量对家庭消费的影响，而忽略了老人健康状况，并且对老人数量与居民消费之间关系的研究没有形成统一的结论。而人口在其再生产类型的转变过程中所产生的经济活动有利性，除了人口年龄结构所带来的人口数量红利，还有随着中国人口素质的逐步提高而渐显的人口质量红利，因此，研究居民消费不可忽视人口质量因素。虽然中国早已步入老龄化社会，老龄化程度还在不断加深，老龄人口数量在不断增加，但是伴随着公共保障制度的完善、医疗卫生和营养条件的持续改善，老人一改往日的羸弱形象，退而不休，继续为社会发挥余热。老龄成员的增加是否会加重家庭的养老负担尚待商榷。本章将以老人的健康状况作为衡量老人质量的指标，探讨老人健康状况对家庭消费的影响，并进一步对公共社会保障制度的家庭外部效应进行分析，深入研究老人医疗保险状况对子代家庭消费的影响。

第一节 老人健康对家庭消费的影响

一 数理模型

本节借鉴戴蒙德生命周期世代交叠模型（Life-Cycle OLG Model）的分析范式进行研究。该模型隐含两个重要假设：将家庭的代际扶持看作一项消费（Hurd et al., 2007），并假设代表性消费者在家庭成员互惠的角度下是利他的（altruism）（Becker, 1974; Barro, 1974）。本节在世代交叠模型的基础上进行扩展，假设家庭收入为 Y，在消费、储蓄、医疗三个方面分配。家庭对老人的质量期望是 A_o，扶老支出为 A_o^β。家庭的效用函数为 $U = A_o^\lambda \ln C_1 + \gamma \ln C_2$，其中，$C_1$、$C_2$ 分别表示家庭的当期消费和老年期消费，$\gamma = (1+\rho)^{-1}$ 为时间偏好率，A_o^λ 为家庭从老人质量即老人健康中获得的效用。根据杨汝岱和陈斌开（2009）的研究，代际扶持会通过增加预防性储蓄的方式，挤出家庭消费。因此，A_o 越大，所挤出的当期消费越多，故而 $\lambda<0$。在上述假定下：

$$C_1 = Y - A_o^\beta - S \tag{4-1}$$

$$C_2 = (1+r)S \tag{4-2}$$

其中，r 表示利率。求解上述最优化过程，得：

$$C_1 = \frac{(1+r)A_o^\lambda}{1+(1+r)A_o^\lambda}(Y - A_o^\beta) \tag{4-3}$$

假设 $r=0$，于是式（4-3）简化为：

$$C_1 = \frac{A_o^\lambda}{1+A_o^\lambda}(Y - A_o^\beta) \tag{4-4}$$

式（4-4）的右端由两项构成。$Y - A_o^\beta$ 关于 A_o 递减。根据式（4-1），该项在数值上等于 $C_1 + S$，大于 0。C_1 关于式（4-4）中

$\frac{A_o^\lambda}{1+A_o^\lambda}$ 的 A_o 求导，可得：

$$\frac{\partial C_1}{\partial A_o} = \frac{\lambda A_o^\lambda}{[1+(A_o)^\lambda]^2} \tag{4-5}$$

由于 $\lambda<0$，所以式（4-5）小于 0。因此，C_1 关于 $\frac{A_o^\lambda}{1+A_o^\lambda}$ 中的 A_o 递减。$\frac{A_o^\lambda}{1+A_o^\lambda}$ 的分子、分母都大于 0，所以 $\frac{A_o^\lambda}{1+A_o^\lambda}$ 也大于 0。

假设 $\frac{A_o^\lambda}{1+A_o^\lambda} = f(A)$，$Y-A_o^\beta = g(A)$，则式（4-4）可以改写为：

$$C_1 = f(A)g(A) \tag{4-6}$$

式（4-6）两端对 A 求导，可得：

$$\frac{\partial C_1}{\partial A} = f(A)'g(A) + f(A)g(A)' \tag{4-7}$$

由于 $f(A)$ 和 $g(A)$ 均关于 A 递减，且均大于 0，所以式（4-7）表明 C_1 关于 A 递减，这意味着家庭对老人的质量期望越高，家庭消费越少，即老人的实际质量与期望质量相差越大，家庭消费越少。

二 实证分析

（一）变量选取与模型设定

本章所用全部数据来源于北京大学中国社会科学调查中心在 2014 年开展的中国家庭动态跟踪调查（CFPS）。CFPS 自 2010 年正式展开，每两年追踪调查一次。其数据由家庭库、个人库、儿童库和家庭关系库等子库组成。本章以家庭库为基础，使用个人编码和家庭编码对上述子库数据进行匹配和汇总。所用统计软件为 Stata14。

（1）因变量。根据模型设定，本章的因变量有两个，依次为家庭总消费、剔除了医疗消费的家庭净消费。

（2）核心解释变量。在本章中，老人质量使用人力资本中的健康水平进行量化，用 65 岁以上人口的健康水平作为老人质量，老人的健康状况涉及家庭的医疗消费。老人质量指标使用两种方式构建：第一种，若家庭中没有老人，则取值0；若有老人，根据老人的健康状况，使用CFPS调查中关于健康状况问题的回答"非常健康""很健康""比较健康""一般""不健康"，将五个健康等级依次取值1、2、3、4、5，用 he 表示。第二种，通过构建虚拟变量，以没有老人的家庭作为基组，以老人"非常健康""很健康"和"比较健康"的家庭作为老人质量较高的一组，用 $dumhe1$ 表示，以老人"不健康"或健康状况"一般"的家庭作为老人质量较低的一组，用 $dumhe2$ 表示。

（3）控制变量。根据 Lillard 和 Willis（1997）、Sloan 等（2002）、张文娟和李树茁（2004）、丁志宏（2014）等的研究，本节的控制变量包括家庭人口规模（$familysize$）、子女数量（$childn$）、老人数量（$above65$）、家庭人均收入（$lnfincomeper$）、户主受教育水平及其平方（edu、$edus$）、户主年龄及其平方（age、$ages$）、家庭藏书量（$book$）、家庭户籍类型（$urban$）。其中，$urban$ 为虚拟变量，农村家庭取值为0，城市家庭取值为1。此外，还控制了家庭所在省份。

构建如下回归模型：

$$\ln(expensetotal) = \partial_0 + \partial_1 oldquality + \beta_1 childn + \beta_2 above65 + \beta_3 familysize + \beta_4 \ln fincomeper + \beta_5 edu + \beta_6 age + \beta_7 west + \beta_8 east + \beta_9 book + \beta_{10} urban + \varepsilon \quad (4-8)$$

其中，被解释变量为家庭总消费（$expensetotal$）。核心解释变量为老人健康水平（$oldquality$），其他为一系列控制变量，此外本节还控制了省份虚拟变量。根据上文的分析，家庭对老人的代际扶持主要体现在为老人健康支付的医疗消费支出，为排除这种影响，进一步构建如下模型：

$$\ln(expensenet) = \partial_0 + \partial_1 oldquality + \beta_1 childn + \beta_2 above65 + \beta_3 familysize + \beta_4 \ln fincomeper + \beta_5 edu + \beta_6 age + \beta_7 west + \beta_8 east + \beta_9 book + \beta_{10} urban + \varepsilon \quad (4-9)$$

其中，因变量为剔除了为老人支付医疗消费的家庭净消费

(expensenet)。在下文的分析中，为探讨老人质量对城乡、不同收入人群和不同老人数量家庭的异质性影响，本节还按照上述特征对式（4-8）和式（4-9）进行了分组。

（二）实证结果及分析

表4-1报告了老人健康对家庭消费影响的实证结果。方程（1）在不控制任何变量的条件下报告了老人健康对家庭总消费的影响，发现老人健康对家庭总消费具有显著影响。老人健康状况变差一个单位，家庭总消费降低4.11%。方程（2）进一步控制了其他家庭特征，结果显示老人健康对家庭总消费的影响有所下降，但仍然显著，老人健康状况变差一个单位，家庭总消费降低2.60%。从控制变量来看，家庭子女每增加一个，消费降低8.67%；老人数量每增加一个，消费降低3.31%；家庭人口规模对家庭总消费的影响较为显著，家庭成员每增加一个，家庭总消费提高17.57%；家庭人均收入每提高1%，家庭总消费提高21.86%；户主受教育水平对家庭总消费的影响大体呈倒"U"形；户主年龄对家庭总消费的影响也呈倒"U"形；城市比农村的家庭总消费高28.08%；家庭藏书量与家庭总消费正相关。

方程（3）将老人的健康水平分为两类。对照组为无老人的家庭，$dumhe1$表示有老人且老人健康状况较好的家庭，$dumhe2$表示有老人且老人健康状况较差的家庭。与无老人的家庭相比，老人健康状况较好的家庭总消费降低13.44%，老人健康状况较差的家庭总消费降低18.55%。方程（4）进一步控制了一系列家庭特征变量，此时老人健康状况对家庭总消费的影响有所降低，老人健康状况较好的家庭总消费降低9.29%，老人健康状况较差的家庭总消费降低11.77%。从控制变量来看，方程（4）的估计结果与方程（2）大体相同，这表明本节的估计结果具有稳健性。

方程（5）至方程（7）考察了老人健康对家庭净消费（总消费减去医疗消费）的影响。可见，老人健康对家庭净消费的影响与对

表 4-1　老人健康对家庭消费的影响：全样本

因变量	(1) 总消费	(2) 总消费	(3) 总消费	(4) 总消费	(5) 净消费	(6) 净消费	(7) 净消费
he	-0.0411***	-0.0260***			-0.0416***	-0.0236***	
dumhe1			-0.1344***	-0.0929***			-0.1321***
dumhe2			-0.1855***	-0.1177***			-0.1870***
childn		-0.0867***		-0.0867***		-0.0773***	
above65		-0.0331***		-0.0333***		-0.0781***	
familysize		0.1757***		0.1761***		0.1718***	
lnfincomeper		0.2186***		0.2183***		0.2442***	
edu		0.1176***		0.1171***		0.1424***	
edus		-0.0024		-0.0023		-0.0050	
age		0.0091***		0.0091***		0.0103***	
ages		4.54e-06***		4.53e-06***		5.17e-06***	
book		0.0663***		0.0664***		0.0733***	
urban		0.2808***		0.2816***		0.2984***	
pro							
cons	10.5147***	-10.5502***	10.5161***	-10.5239***	10.3958***	-13.4722***	10.3969***

注：***表示在 1% 的显著性水平上显著。

家庭总消费的影响大体相当,这进一步说明了本节估计结果的稳健性。

老人健康状况显著影响家庭总消费与家庭净消费。老人健康状况越差,家庭对老人的赡养负担越重,预防性储蓄动机越强,对家庭总消费的挤出越多。

表4-2分城乡报告了老人健康对消费的影响。方程(8)在不控制任何变量的条件下报告了老人健康对城市家庭消费的影响,发现老人健康对城市家庭消费具有显著影响。老人健康状况变差一个单位,城市家庭消费降低2.70%。方程(9)进一步控制了其他家庭特征,老人健康对城市家庭消费的影响有所下降,但仍然显著,老人健康状况变差一个单位,城市家庭消费降低2.65%。这与表4-1的变化趋势基本相同。从控制变量来看,城市家庭子女每增加一个,消费降低9.09%;老人数量每增加一个,消费降低4.53%;城市家庭成员每增加一个,消费提高19.17%;城市家庭收入每提高1%,消费提高28.41%;户主受教育水平和年龄对城市家庭消费的影响大体呈倒"U"形;城市家庭藏书量与家庭消费正相关。方程(12)在不控制任何变量的条件下报告了老人健康对农村家庭消费的影响。可见,老人健康对农村家庭消费具有显著影响。老人健康状况变差一个单位,农村家庭消费降低2.56%,与对城市家庭的影响大体相当。方程(13)进一步控制了其他家庭特征,老人健康对农村家庭消费的影响有所下降,但是仍然显著,老人健康状况变差一个单位,农村家庭消费降低2.50%。这与对城市家庭的影响大体相当。从控制变量来看,农村家庭子女每增加一个,消费降低9.03%;老人数量每增加一个,消费降低3.69%;农村家庭成员每增加一个,消费提高17.13%;农村家庭收入每提高1%,消费提高16.53%;户主受教育水平和年龄对农村家庭消费的影响大体呈倒"U"形;农村家庭藏书量与家庭消费正相关。

表 4-2 老人健康对家庭消费的影响：分城乡

因变量	(8) 城市	(9) 城市	(10) 城市	(11) 城市	(12) 农村	(13) 农村	(14) 农村	(15) 农村
he	-0.0270***	-0.0265***			-0.0256***	-0.0250***		
dumhe1			-0.1262**	-0.0857**			-0.0711**	-0.0962**
dumhe2			-0.1096***	-0.1238***			-0.1184***	-0.1101***
childn		-0.0909***		-0.0911***		-0.0903***		-0.0901***
above65		-0.0453***		-0.0453***		-0.0369**		-0.0374***
familysize		0.1917***		0.1921***		0.1713***		0.1717***
lnfincomeper		0.2841***		0.2840***		0.1653***		0.1649***
edu		0.1375***		0.1363***		0.1474***		0.1504***
edus		-0.0037		-0.0036		-0.0115		-0.0122*
age		0.0035***		0.0036***		0.0152***		0.0152***
ages		1.78e-06***		1.79e-06***		7.59e-06***		7.57e-06***
book		0.0651***		0.0652***		0.0574***		0.0574***
urban		0		0		0		0
pro								
cons	10.7540***	-0.0776	10.7562***	-0.1108	10.2762***	-22.1388***	10.2765***	-22.0650***

注：***、**、*分别表示在1%、5%、10%的显著性水平上显著。

方程（10）与方程（14）同样将老人的健康水平分为两类。*dumhe*1 和 *dumhe*2 的含义与表 4-1 相同。在城市家庭中，与无老人的家庭相比，老人健康状况较好的家庭消费降低 12.62%，老人健康状况较差的家庭消费降低 10.96%。方程（11）进一步控制了一系列家庭特征变量，此时老人健康状况对家庭消费的影响有所变化，老人健康状况较好的家庭消费降低 8.57%，老人健康状况较差的家庭消费降低 12.38%。从控制变量来看，方程（11）的估计结果与方程（9）大体相同，这表明本节的估计结果具有稳健性。方程（14）和方程（15）给出了农村家庭老人健康状况对家庭消费的影响，与城市估计结果大体相当，说明养老负担在城乡间差别不大。在中国传统文化的熏陶下，老人的养老问题大多依靠子女的传统模式并未发生太大变化，不管在城市还是在农村，"家庭养老"都是普遍存在的社会现象，并未表现出明显的城乡差异。

接下来，按照家庭拥有的老人数量将样本分为拥有一个老人的家庭与拥有多个老人的家庭，按照老人数量对家庭进行分类后的结果如表 4-3 所示。方程（16）在不控制任何变量的条件下报告了老人健康对一个老人家庭消费的影响。可见，老人健康对家庭消费具有显著影响。老人健康状况变差一个单位，家庭消费降低 3.13%。方程（17）进一步控制了其他家庭特征，此时老人健康对家庭消费的影响有所下降，但仍然显著，老人健康状况变差一个单位，家庭消费降低 2.07%。这与表 4-1 的变化趋势基本相同。从控制变量来看，家庭子女每增加一个，消费降低 9.14%；家庭成员每增加一个，消费提高 18.66%；家庭收入每提高 1%，家庭消费提高 22.64%；户主受教育水平和年龄对家庭消费的影响大体呈倒"U"形；家庭藏书量与家庭消费正相关。方程（20）在不控制任何变量的条件下报告了老人健康对拥有多个老人的家庭消费的影响。可见，老人健康对家庭消费具有显著影响。老人健康状况变差一个单位，消费降低 5.06%，高于一个老人的家庭。方程（21）进一步控制了其他家庭特征，此时老人健康对家庭消费的影响有所下降，

表4-3 老人健康对家庭消费的影响:按照老人数量分组

因变量	(16) 1个	(17) 1个	(18) 1个	(19) 1个	(20) >1个	(21) >1个	(22) >1个	(23) >1个
he	-0.0313**				-0.0506***	-0.0462***		
dumhe1		-0.0207**	-0.0200	-0.0578			-0.2997***	-0.2404***
dumhe2			-0.1599***	-0.0990**			-0.1998**	-0.1957***
childn		-0.0914***		-0.0910***		-0.1195***		-0.1215***
above65		0		0		0.1560		0.1533
familysize		0.1866***		0.1866***		0.1359***		0.1366***
lnfincomeper		0.2264***		0.2263***		0.3037***		0.3020***
edu		0.1436**		0.1444**		0.1017*		0.1027*
edus		-0.0042		-0.0043		-0.0058		-0.0061
age		-0.9101***		-0.9097***		-0.6521*		-0.6633*
ages		-0.0002***		-0.0002***		-0.0002*		-0.0002*
book		0.0536***		0.0535***		0.0725***		0.0727***
urban		0.3336***		0.3339***		0.2815***		0.2837***
pro								
cons	10.2550***	938.2189***	10.2525***	937.8147***	10.3603***	674.6593*	10.3668***	686.184*

注:***、**、*分别表示在1%、5%、10%的显著性水平上显著。

但是仍然显著，老人健康状况变差一个单位，消费降低 4.62%，同样高于城市家庭。从控制变量来看，家庭子女每增加一个，消费降低 11.95%；家庭成员每增加一个，消费提高 13.59%；家庭收入每提高 1%，消费提高 30.37%；户主受教育水平和年龄对家庭消费的影响大体呈倒"U"形；家庭藏书量与家庭消费正相关。

方程（18）将老人的健康水平分为两类，其中 $dumhe1$ 和 $dumhe2$ 的含义与表 4-1 相同。与无老人的家庭相比，一个老人且老人健康状况较好的家庭消费降低 2.00%，老人健康状况较差的家庭消费降低 15.99%。方程（19）进一步控制了一系列家庭特征变量，此时老人健康状况对家庭消费的影响有所变化，老人健康状况较好的家庭消费降低 5.78%，老人健康状况较差的家庭消费降低 9.90%。从控制变量来看，方程（19）的估计结果与方程（17）大体相同，这表明本节的估计具有稳健性。方程（22）和方程（23）表明，与拥有一个老人的家庭相比，有多个老人对消费的影响更大。老人数量越多，老人健康状况对家庭消费的影响越大。这符合直观感受，老人数量越多，老人健康水平越差，家庭的养老负担越重，家庭消费降低得越多。

表 4-4 按照家庭收入高低对家庭进行了分类。方程（24）在不控制任何变量的条件下报告了老人健康对低收入家庭消费的影响。可见，老人健康对家庭消费具有显著影响。老人健康状况变差一个单位，消费降低 1.54%。方程（25）进一步控制了其他家庭特征，此时老人健康对家庭消费的影响仍然显著，老人健康状况变差一个单位，消费降低 1.81%。这与表 4-1 的变化趋势基本相同。从控制变量来看，家庭子女每增加一个，消费降低 9.13%；家庭成员每增加一个，消费提高 18.06%；家庭收入每提高 1%，消费提高 13.15%；户主受教育水平和年龄对家庭消费的影响大体呈倒"U"形；家庭藏书量与家庭消费正相关。方程（28）在不控制任何变量的条件下报告了老人健康对高收入家庭消费的影响。

表 4-4　老人健康对家庭消费的影响：按收入分组

因变量	(24) 低收入	(25) 低收入	(26) 低收入	(27) 低收入	(28) 高收入	(29) 高收入	(30) 高收入	(31) 高收入
he	-0.0154***	-0.0181***	-0.0209	-0.0552**	-0.0550***	-0.0423***	-0.1653**	-0.1892***
dumhe1				-0.0851***			-0.2444***	-0.1815***
dumhe2			-0.0793***	-0.0912***		-0.0715***		-0.0720***
childn		-0.0913***		-0.0444***		-0.0195		-0.0212
above65		-0.0445***		0.1806***		0.2203***		0.2221***
familysize		0.1806***		0.1315***		0.4073***		0.4070***
lnfincomeper		0.1315***		0.1547***		0.1139***		0.1123***
edu		0.1565***		-0.0128**		-0.0037		-0.0036
edus		-0.0132***		0.0124***		0.0038***		0.0037***
age		0.0124***		6.29e-06***		1.76e-06***		1.72e-06***
ages		6.28e-06***		0.0545***		0.0746***		0.0747***
book		0.0545***		0.2444***		0.3005***		0.3039***
urban		0.2443***						
pro								
cons	10.3147***	-16.7510***	10.3143***	-16.7778***	10.8527***	-1.5154	10.8529***	-1.3855

注：***、** 分别表示在 1%、5% 的显著性水平上显著。

可见，老人健康对高收入家庭消费具有显著影响。老人健康状况变差一个单位，家庭消费降低 5.50%，高于低收入家庭。方程（29）进一步控制了其他家庭特征，此时老人健康对家庭消费的影响有所下降，但仍然显著，老人健康状况变差一个单位，消费降低 4.23%，高于低收入家庭。从控制变量来看，家庭子女每增加一个，消费降低 7.15%；家庭成员每增加一个，消费提高 22.03%；家庭收入每提高 1%，消费提高 40.73%；户主受教育水平和年龄对家庭消费的影响大体呈倒"U"形；家庭藏书量与家庭消费正相关。

方程（26）将老人的健康水平分为两类，其中 *dumhe*1 和 *dumhe*2 的含义与表 4-1 相同。与无老人的家庭相比，低收入且老人健康状况较好的家庭消费降低 2.09%，老人健康状况较差的家庭消费降低 7.93%。方程（27）进一步控制了一系列家庭特征变量，此时老人健康状况对家庭消费的影响有所变化，老人健康状况较好的家庭消费降低 5.52%，老人健康状况较差的家庭消费降低 8.51%。从控制变量来看，方程（27）的估计结果与方程（25）大体相同，这表明本节的估计结果具有稳健性。比较方程（30）和方程（31），与低收入家庭相比，老人健康对高收入家庭的影响更大。可能的解释是对于低收入家庭来说，因为受家庭收入的预算约束，需要在养老开支和其他开支之间进行权衡分配，为老人健康提供代际扶持而调整家庭储蓄的空间不如高收入家庭大。

综合以上实证结果，可以发现老人健康状况显著影响家庭总消费与家庭净消费。老人健康状况越差，家庭对老人提供的赡养代际扶持负担越重，预防性储蓄动机越强，对家庭消费的挤出越多。养老负担在城乡间差别不大，在中国传统文化的熏陶下，老人的养老问题大多依靠子女的传统模式并未发生太大变化，不管在城市还是在农村，"家庭养老"都是普遍存在的社会现象，并未表现出明显的城乡差异。老人数量越多，老人健康水平越差，家庭的养老负担越重，家庭消费降低得越多。老人健康对家庭消费的影响在不同收入等级的家庭间存在异质性,与低收入家庭相比,对高收入家庭的影响更大。

第二节　父辈医疗保险的家庭外部效应

根据上一节的分析,可以发现老人健康状况与家庭消费之间显著负相关。如果老人拥有社会保障,就能够削弱父辈对子代的依赖程度,这对成年子女为父辈提供的经济赡养可产生一定的挤出效应(Kohli et al.,2005;Lund,2002)。综观国内外研究公共保障政策与家庭消费的文章可以发现,大多数文献集中在家庭内部,研究社会保障与居民消费或储蓄的关系,考察父辈的社会保障状况与子女为父辈提供的赡养支出之间的替代关系,以及社会保障状况对老人福利水平的改善效果,认为社会保障的健全可以增加老人的经济来源,即社会保障制度的实质是资源在代际或代内之间的转移,可以在一定程度上替代"家庭养老",为老人提供养老生活保障。但关于向上代际扶持行为如何影响子代家庭消费,鲜有文章就社会保障的家庭外部效应进行研究。在实证方面,现有文献多以老人的福利水平为靶向,主要从家庭代际扶持如何影响老人身体健康、心理健康、生活质量满意度、劳动力参与、居住安排、医疗消费(薄赢,2016)等方面展开研究,且多使用宏观省际数据,并不能对微观家庭的消费行为进行精准验证。本节将从社会保障的家庭外部效应角度切入,进一步地研究社会保障制度对"家庭养老"的家庭外部效应,即父辈拥有的社会保障状况对子代家庭消费的影响。特别地,由于不同的社会保障类型对居民消费或储蓄影响的作用机制不同,医疗保险资源不像养老保险那样具备资源的代际传递特点,因此本节将单独考察医疗保险对居民消费行为的影响。

一　父辈医疗保险影响子代家庭消费的机制分析

尽管在大多数发展中国家已婚成年子女与他们的父母各自独立

居住,但已婚子女对老人的代际扶持和赡养仍然是主要的养老模式(Troll, 1986; Stone, Cafferata and Sangl, 1987; Cicirelli, 1988; Brody, Brody, 1985)。预期寿命的增加使老人越发需要照顾,子女赡养老人的养老负担成为老龄化社会的普遍问题(Cicirelli, 1990)。在中国特有的孝道文化、儒家文化和伦理约束下,基于"家庭养老"模式的现实,已婚子代家庭与父辈家庭的关系更加紧密,特别是中国广大农村和中西部地区的家庭仍以"家庭养老"为赡养老人的主要模式,老人在需要支持和因为健康或其他原因陷入经济困境时主要依赖成年子女的帮助(Blieszner and Mancini, 1987; Cicirelli, 1990; Rossi and Rossi, 1992; Stein et al., 1998; Lee and Xiao, 1998; Burr and Mutchler, 1999)。中国 65 岁以上老龄人口数量持续增加,家庭老年扶养比逐年推升,为应对父辈的意外疾病和寿命延长,风险规避者会相应地增加储蓄以平滑消费。子代家庭承担的养老负担将直接影响子代家庭的消费决策与消费模式。而社会保障体系的完善可以赋予老年人口稳定的收入来源,这是消费和储蓄的基础,也是减轻成年已婚子女养老负担的重要因素。完善的医疗保险可以降低居民的医疗开支,进而降低预防性储蓄,增加居民消费。在"家庭养老"和老龄化问题的双重背景下,父辈的医疗保险情况与子代家庭养老负担的大小、消费水平的高低密切相关。直观上看,参加医疗保险的父辈,其子女的养老、医疗负担降低,预期增加子代家庭的消费,对子代家庭消费产生溢出效应。

二 数理模型

本节在上一节模型的基础上进行扩展,将父辈的社会保障情况纳入子代的效用函数。在模型中假设子代的消费分为成年期消费和老年期消费两期,因未成年期没有消费决策,故不考虑未成年儿童期与青春期,重点分析父辈的医疗保险参与状况与子代家庭消费行为之间的关系。同样,假设子代的收入为 Y,并在成年期消费、父辈医疗支出、父辈医疗保险购买以及老年期消费(来自当期储蓄)之间分配。假设父辈生病的概率为 α,而父辈生病所产生的医疗费

用的 β 部分由子女承担，剩余的 $1-\beta$ 部分由医疗保险报销。若父辈无医疗保险，则 $\beta=1$。子女的效用函数为：

$$u = \ln c_1 + \gamma \ln c_2 \tag{4-10}$$

其中，c_1、c_2 分别表示子代的当期消费和老年期消费。$\gamma=(1+\rho)^{-1}$ 是时间偏好因子，$\rho>-1$。当期消费由式（4-11）表示：

$$c_1 = Y - S - \alpha\beta pay - bf \tag{4-11}$$

其中，S 为当期储蓄，pay 为子代为父辈生病所承担的医疗费用①。父辈生病的概率（α）越大、医疗保险报销的比例越低，子代的医疗负担越重。bf 为购买医疗保险所需的费用，若该费用由父辈自行承担则其值为 0。老年期消费由式（4-12）表示：

$$c_2 = (1+r)s \tag{4-12}$$

其中，r 为利率，s 为年轻时的储蓄，模型中假设老年期没有收入。求解上述最优化过程，可得：

$$c_1 = \frac{1+\rho}{2+\rho}(Y-\alpha\beta pay-bf) = \frac{1+\rho}{2+\rho}[Y+(1-\beta)\alpha pay-\alpha pay-bf] \tag{4-13}$$

式（4-13）对 $1-\beta$ 求导，得：

$$\frac{\partial c_1}{\partial(1-\beta)} = \alpha pay > 0 \tag{4-14}$$

显然，子代家庭当期消费随父辈医疗保险报销比率的提高而提高。所以，父辈有无医疗保险会影响子代家庭的消费，且父辈生病的概率越大、产生的医疗费用越高，父辈的医疗保险对于子代消费的影响越大。

三 实证分析

（一）数据来源及数据处理

本节使用 CFPS2010、CFPS2012、CFPS2014 三年数据构造混合截面数据。CFPS 根据三阶段不等概率整群抽样原理，三次调查抽样范围依次涵盖 14798 个、13315 个、13946 个家庭，包含家庭库、

---

① 为了分析简便，该模型中不考虑父辈动用养老金进行的医疗支出，仅指子代为父辈支付的医疗费用。

成人库、儿童库和家庭关系库四个子库。本节所用数据来源于家庭库、成人库和家庭关系库三个子库，并根据个人编码和家庭编码对其进行匹配和汇总，最终得到本节所用的数据。

数据匹配和汇总过程如下：第一步，在家庭关系库中定位在婚、离婚、同居和丧偶个体，并获得其个人编码。第二步，定位上述个体的母亲并获得其个人编码，因女性较男性寿命长，定位父亲得到的样本量有限，故选择定位母亲，将父母两方任一方有医疗保险的家庭划入处理组。第三步，根据母亲的个人编码，从成人库中获取母亲的医疗保险状况，并提取其健康、年龄等信息，整合到相关变量。第四步，定位个体所在家庭，并在家庭库中提取该家庭相关信息。若母亲有医疗保险，则其子代家庭数据属于处理组；否则，属于控制组。以该规则定义的处理变量用 bx 表示。为更加细致地考察父辈医疗保险情况对子代家庭消费的影响，在保持控制组不变的情况下，本节对处理组进行如下划分，以生成不同的处理变量。① 所用统计软件为 Stata14。

（1）根据统计机构的标准，将处理组家庭分为城市和农村两类。其中，$bxrural$ 的处理组仅包含农村家庭；而 $bxurban$ 的处理组仅包含城市家庭。

（2）将处理组家庭按地域分为东、中、西三部分。$bxeast$ 的处理组仅包含东部地区家庭，$bxmiddle$ 和 $bxwest$ 同理定义。东部地区指北京、天津、辽宁、河北、上海、江苏、浙江、福建、山东、广东，西部地区指四川、重庆、贵州、云南、陕西、甘肃、广西，中部地区指山西、吉林、黑龙江、安徽、江西、河南、湖北、湖南。

（3）将处理组个体按个体性别和城乡分为四类，以考察城乡男方和女方父母的医疗保险状况对个体家庭的不同影响。其中，$bxmale$ 的处理组为男方母亲有医疗保险；而 $bxfemale$ 的处理组为女

---

① 三种医疗保险筹资比例不同，各地的具体待遇也不尽相同。城镇职工的缴费比例最高，报销比例也高。居民和新农合的缴费比例低，待遇稍低。受限于数据，本节将三种医疗保险合并处理。

方母亲有医疗保险。

（4）将处理组个体按年龄分为两类，以考察不同年龄已婚子女的父母的医疗保险状况对个体家庭的不同影响。根据样本的可得性，我们将处理组按照年龄分为三组，分别是 $age \leq 45$，$45 < age \leq 55$，$age > 55$，其中 $age \leq 45$ 表示小于等于 45 岁的已婚子女，其余类推。

本节所用结果变量为子代家庭的消费对数。采用对数而不是原值是因为对数形式能较为方便地计算处理组相对于控制组收入变化的百分比。

本节处理组、控制组所用协变量的描述性统计如表 4-5、表 4-6 所示。

表 4-5　　　　　协变量描述性统计：处理组

标识	含义	均值	标准差	最小值	最大值	观测数
logfincome1	家庭收入对数	10.35	1.17	2.20	13.56	1200
bcn	健康变差的家庭成员数量	0.66	0.80	0	4	1389
guojia	就职于国家部门的家庭成员数量	1.04	1.27	0	9	1389
jobn	有工作的家庭成员数量	1.59	1.19	0	9	1389
bjkn	不健康的家庭成员数量	0.71	0.86	0	5	1389
age	年龄	49.99	2.61	46	55	603
shdw	家庭社会地位	3.23	0.97	1	5	1243
sxn	家庭成员上学的数量	0.06	0.26	0	2	1389

表 4-6　　　　　协变量描述性统计：控制组

标识	含义	均值	标准差	最小值	最大值	观测数
logfincome1	家庭收入对数	1.20	1.16	6.69	12.83	137
bcn	健康变差的家庭成员数量	0.77	0.89	0	4	155
guojia	就职于国家部门的家庭成员数量	0.70	1.20	0	5	155

续表

标识	含义	均值	标准差	最小值	最大值	观测数
jobn	有工作的家庭成员数量	1.17	1.13	0	5	155
bjkn	不健康的家庭成员数量	0.93	0.90	0	4	155
age	年龄	50.49	2.80	46	55	57
shdw	家庭社会地位	3.09	1.02	1	5	138
sxn	家庭成员上学的数量	0.07	0.34	0	3	155

guojia 指就职于国企、事业单位和政府部门的家庭成员数量; *shdw* 来源于问题"您在本地的社会地位",以家庭成员中最高者为准; *bcn* 和 *bjkn* 来源于问题"家庭有几个人身体变差了(自评健康)"和"家庭有几个不健康的人(自评健康)";描述性统计中给出的 *age* 指45—55岁的子代;若子女与父母不同灶,则将不同灶母亲的健康、年龄与社会地位状况合并至子代家庭。

(二)基准匹配及稳健性检验

本节主要使用倾向得分匹配方法(Propensity Score Matching,PSM)考察父辈医疗保险状况对子代家庭消费的影响,以缓解或解决自选择性导致的估计偏误。该方法分为三步。

第一步,计算个体倾向得分值。倾向得分指给定协变量的情况下,样本是否被处理的概率。本节利用 Logit 模型估计样本的倾向得分,借鉴 Becker(2002),使用的计算公式为:

$$\begin{aligned} p(X_i) &= \Pr(D_i = 1 \mid X_i) \\ &= \exp(\beta X_i) / [1 + \exp(\beta X_i)] \\ &= E(D_i = 1 \mid X_i) \end{aligned} \quad (4-15)$$

其中,X_i 为协变量,为一系列可能影响个体是否被处理的因素。D_i 为处理变量,取值范围为[0,1]。个体倾向得分值越高,被处理的概率越大。

第二步,对处理组和控制组进行匹配。常用的匹配方法包括近邻匹配、半径匹配、核匹配和马氏匹配。近邻匹配是寻找与处理组倾向得分值最为接近的控制组。半径匹配指在特定范围内对处理组和控制组进行匹配。核匹配是构造一个虚拟对象对两组进行匹配，构造的原则是对控制变量做权重平均，权重的取值与两组倾向得分差异负相关。在马氏匹配中，首先根据协变量计算马氏距离，然后进行近邻匹配。

第三步，计算处理组平均处理效应，以衡量处理组的毛收益。计算公式为：

$$att = E(Y_{1i}-Y_{0i}|D_i=1) = E\{E[Y_{1i}-Y_{0i}|D_i=1, p(X_i)]\}$$
$$= E\{E[Y_{i1}|D_i=1, p(X_i)] - E[Y_{1i}|D_i=0, p(X_i)]|D_i=1\} \quad (4-16)$$

倾向得分匹配方法的有效性依赖于重叠假设和平衡性假设（Balancing Assumption）。重叠假设要求处理组和控制组的倾向得分有较大的共同取值范围。对此，本节仅保留倾向得分具有重叠部分的个体。表4-7中的control和treat分别表示经上述处理后的控制组和处理组样本数量，可见本节的估计满足共同支撑假设（Common Support Assumption）。平衡性假设要求匹配以后的控制组和处理组在各协变量上无显著差异，一般通过观察匹配后两组变量的标准化偏差绝对值来判断。一般认为，该值要小于20。下文中的bias表示标准化偏差绝对值大于20的协变量数量，0表示无，1表示有1个[①]。可见，本节的绝大多数估计满足平衡性假设。所以，本节的估计是有效的。此外，为增强估计结果的稳健性，分别使用五种匹配方式：表4-7从左至右依次为1对4匹配、马氏匹配、半径匹配、基于uniform的核匹配以及基于biweight的核匹配。

估计全样本情形下父辈是否参加医疗保险对已婚子女家庭消费的影响。结果如表4-7所示。从att来看：五种匹配结果均显著为正，对于有医疗保险的父辈，其子代的家庭消费显著高于父辈没有医疗保险的子代家庭。其平均处理效应约为0.17，比控制组家庭

---

① 即使如此，匹配后的标准化偏差明显减小，较大程度上平衡了协变量在两组间的分布。

表 4-7　父辈医疗保险如何影响子代家庭消费：全样本与城乡分样本

	1 对 4 匹配			马氏匹配			半径匹配			基于 uniform 的核匹配			基于 biweight 的核匹配		
	全样本	城市	农村	全样本	城市	农村	全样本	城市	农村	全样本	城市	农村	全样本	城市	农村
bias	0	0	0	2	0	0	1	0	0	1	0	0	1	0	0
control	125	125	125	125	25	125	125	125	125	125	125	125	125	125	125
treat	1145	528	602	1156	531	617	1147	528	611	1147	528	611	1147	528	611
att	0.17*	0.25**	0.08	0.18*	0.33***	0.10	0.16*	0.22**	0.03	0.17*	0.26	0.03	0.16*	0.25**	0.03
%	19.36*	28**	8	19.72*	39***	11	17.35*	24**	3	18.17*	30	3	17.32*	28**	3

注：***、**、* 分别表示在 1%、5%、10% 的显著性水平上显著。表中 % 的这一行，代表的是处理组比控制组的家庭消费高百分之多少，下同。

消费高 18% 左右。可见，子代家庭所承担的养老负担与社会保障制度的完善程度密切相关，父辈的社会保障状况直接影响子代家庭养老负担的轻重与消费水平的高低，父辈若有社会保障，社会养老可在一定程度上替代"家庭养老"，减轻子代对父辈的代际扶持负担和医疗负担，进而释放子代家庭的消费潜力，对子代家庭消费具有溢出效应。

在中国城乡特殊的"二元结构"下，居民收入水平、社会保障程度都存在较大的城乡差异，因此进一步将处理组家庭按照城乡分为两组进行研究，结果显示五种匹配下城市家庭父辈有医疗保险的子代家庭消费显著高于父辈没有医疗保险的子代家庭，其平均处理效应约为 0.26，比控制组家庭消费平均高近 30%。农村家庭在五种匹配方式下皆不显著，父辈医疗保险对子代家庭消费的影响存在显著的城乡差异。可能的解释是：第一，城乡二元差异下居民收入差距较大，城镇居民基本医疗保险和城镇职工基本医疗保险的缴费额比新农合高，"社会养老"显示出较强的替代"家庭养老"特征，医疗保险对城市子代家庭消费的提振作用较大。第二，农村较城市观念落后，消费理念更新缓慢，对医疗保险的接受度和信任度需要一个相对缓慢的过程，医疗保险只能在一定程度上削减农村居民的储蓄意愿，农村居民对未来仍然有较大的收入和支出不确定性，预防性储蓄动机仍然强劲，因此农村子代家庭的消费状况在父辈是否参加医疗保险上并没有表现出显著区别。我们可以得到结论：对父辈提供代际扶持所带来的医疗负担的提高显著抑制了城市子代家庭的消费支出，而这一影响在农村并不显著。

进一步，将处理组家庭按照区域分为东、中、西三组，表 4-8 的结果显示在五种匹配方式下，东部地区家庭父辈有医疗保险的子代家庭消费显著高于父辈没有医疗保险的子代家庭消费，其平均处理效应约为 0.24，处理组比控制组家庭消费平均高近 27%，中部、西部家庭在五种匹配方式下皆不显著，父辈是否有医疗保险对子代家庭消费的影响存在显著的区域差异，可能的解释是东部地区经济

表 4-8 父辈医疗保险如何影响子代家庭消费：按区域分组

	1 对 4 匹配			马氏匹配			半径匹配			基于 uniform 的核匹配			基于 biweight 的核匹配		
	东	中	西	东	中	西	东	中	西	东	中	西	东	中	西
bias	0	0	0	0	0	1	0	0	0	0	0	0	0	0	0
control	125	125	125	125	125	125	125	125	125	125	125	125	125	125	125
treat	432	319	247	433	324	258	432	320	254	433	320	254	433	320	254
att	0.28**	0.12	0.12	0.29*	0.18	0.24	0.23**	0.07	0.19	0.25**	0.08	0.16	0.15**	0.07	0.16
%	32**	13	13	34*	20	27	26**	7	21	28**	8	17	16**	7	17

注：**、* 分别表示在 5%、10% 的显著性水平上显著。

发达程度和开放程度较高，收入较高。收入较高区域的老人扶养成本相对更高，父辈的医疗保险可以替代子代提供给父辈的代际扶持，从而减轻子代家庭对父辈的赡养负担，对子女家庭的消费产生溢出作用。有学者使用宏观数据得到老人负担率的增加同该区域居民的消费性支出呈反方向变动关系的结论（毛中根，2013），我们的研究验证了这一点。同时，东部地区较中部、西部地区更容易接受新鲜事物，父辈有医疗保险对子代家庭消费的提振作用在东部地区显著。还有研究发现，不同地区老龄化的差异是造成东部消费高于西部消费的重要原因（李晓嘉、蒋承，2014），限于样本数据，本书暂时无法进一步证实这一点。

为了进一步考察"家庭养老"模式中儿子和女儿在赡养老人的孝道责任中所承担的角色，接下来按照城乡和性别细分样本进行更加深入的考察（见表4-9），"男"表示子代家庭中的男方父辈有医疗保险，"女"表示子代家庭中的女方父辈有医疗保险。结果发现，性别的城乡差异同城乡差异一致，父辈有无医疗保险对城市子女家庭消费的影响较大，对于有医疗保险的父辈，其子女家庭消费显著提高，而对农村子女家庭消费的影响不显著。进一步比较城市中儿子和女儿的养老负担对其消费的影响，发现除了马氏匹配，在1对4匹配、半径匹配、基于uniform的核匹配以及基于biweight的核匹配下，城市中父辈有医疗保险的女儿，其家庭消费比父辈没有医疗保险的女儿的家庭消费高，平均高53%，儿子的家庭消费平均高40%，可见，城市样本中父辈有无医疗保险对女儿消费的影响大于对儿子的影响。

该结果表明在"家庭养老"的角色分工里，子女性别存在很大差异。城市中的女儿付出更多，可能的解释是女儿的父母如果没有医疗保险，则该养老负担也落入一个家庭中女儿的身上，造成处理组的消费明显高于控制组，直观上符合"女儿是小棉袄"的现实。这同一些国外研究结论相一致，成年子女需要赡养老人的孝道理念与性别存在显著差异，女儿对孝道责任的履行比儿子更加积极，女

表4-9 父辈医疗保险如何影响子代家庭消费：城乡分样本按性别分组

	1对4匹配				马氏匹配				半径匹配				基于uniform的核匹配				基于biweight的核匹配			
	男		女		男		女		男		女		男		女		男		女	
	城	乡	城	乡	城	乡	城	乡	城	乡	城	乡	城	乡	城	乡	城	乡	城	乡
bias	1	0	1	0	1	0	1	0	1	0	0	0	0	0	0	0	0	0	0	0
control	125	125	125	125	125	125	125	125	125	125	125	125	125	125	125	125	125	125	125	125
treat	203	165	208	175	205	167	210	179	203	165	207	174	203	165	207	174	203	165	207	174
att	0.33*	0.15	0.48***	0.01	0.44*	0.21	0.34**	0.16	0.29*	0.02	0.43**	0.01	0.37*	0.01	0.40**	0.02	0.36*	0.01	0.38**	0.03
%	39*	16	62***	1	55*	23	41**	17	34*	2	54**	1	45**	1	49**	2	43*	1	46**	3

注：***、**、*分别表示在1%、5%、10%的显著性水平上显著。

儿给予的照顾更多（Rossi and Rossi，1992），提供的代际扶持比儿子更多（Silverstein and Gans，Yang，2006），医疗负担的责任被更多地转移到女儿身上。而在农村，父辈有无医疗保险对子女消费的影响不显著，可能的解释是样本量所涉及的是 2010 年、2012 年、2014 年的数据，此时国家还没有放开生育政策，农村家庭的子女数量多于城市家庭，独生子女家庭比较少，因此父母的医疗费用等养老负担可能主要由一个家庭的多个子女共同承担，故父辈的医疗保险状况对农村子代家庭消费的影响不大。

进一步考察不同年龄已婚子女的父母的医疗保险状况对个体家庭消费的影响。将样本按照年龄以 45 岁和 55 岁为界分成三组，考察父辈医疗保险情况对已婚子代家庭消费的影响（见表 4-10）。45—55 岁的子代处在人生的中年，在代际传递中真正处于"上有老"的位置，其父辈有无医疗保险对子代家庭的消费决策和消费模式有较大影响，研究该年龄阶段的子代家庭具有现实意义。实证结果显示，父辈有无医疗保险对 45—55 岁的子代影响较大，除了 1 对 4 匹配，在其他四种匹配方式下，父辈有医疗保险的子代家庭消费显著高于父辈没有医疗保险的子代家庭，而对小于 45 岁及 55 岁以上的子代家庭消费影响不大。可能的解释是，对于年龄小于 45 岁的子代家庭，其父辈身体情况较乐观，医疗需求不大，因此对子代家庭消费的影响较小。而对于 45—55 岁的子代，其父母年龄一般在 70—80 岁，健康水平开始下降，医疗需求增大，子代所承担的医疗养老负担加重。对于年龄大于 55 岁的子代，父辈有无医疗保险对其家庭消费的影响不大，可能的解释是随着子代个体本身开始步入老年阶段，自身防老养老的预防性储蓄动机更强，年龄较大的老人储蓄率较高（Summers，1987），且呈现随年龄递增的趋势（Supan et al.，1991；Ando，1995；Chamon，2010）。这可能是因为老人退休后购买能力大幅下降，受传统勤俭节约思想的影响，购买力连同消费观念与消费习惯多方面制约了老人自身消费水平的提高（毛中根，2013）。同时，老人的基本消费需求较低，从而与工作时期相比

表4-10 父辈医疗保险如何影响子女家庭消费：按年龄分组

	1对4匹配			马氏匹配			半径匹配			基于uniform的核匹配			基于biweight的核匹配		
	45岁以下	45—55岁	55岁以上	45岁以下	45—55岁	55岁以上	45岁以下	45—55岁	55岁以上	45岁以下	45—55岁	55岁以上	45岁以下	45—55岁	55岁以上
bias	0	0	0	1	1	1	0	0	1	0	0	1	0	0	0
control	125	125	125	125	125	125	125	125	125	125	125	125	125	125	125
treat	63	488	599	63	491	602	63	488	599	63	490	599	63	490	599
att	-0.05	0.22	0.11	-0.15	0.24**	0.17*	-0.04	0.23**	0.10	-0.08	0.19*	0.12	-0.10	0.19*	0.09
%	4.88	24	11.64	13.94	27.14**	18.54*	3.92	25.88**	10.52	7.69	20.94*	12.76	10.52	20.94*	9.42

注：**、*分别表示在5%、10%的显著性水平上显著。

储蓄动机较强，老年期收入较低且借贷相对困难，从而面临预算硬约束，这提高了老人的储蓄动机，抑制了消费。老年期消费边际效用减少，老人的最优反应是减少消费以维持边际效用不变。在老人基本消费需求减少的同时，羸弱的身体也削弱了其消费能力，被动增加储蓄。此外，可能因为年长子女的父辈年龄更大，故年长子女向父辈提供的代际扶持高于年纪较轻的子女，子代家庭消费中利他性消费较多，遗赠动机可能会强化年长子女的储蓄需求，抑制消费欲望，因而挤出自己的消费，制约了消费水平的提高。这同国内外的很多经验研究结论一致（Silverstein, Gans and Yang, 2006）。

第三节　本章小结

本章利用中国家庭追踪调查（CFPS）数据，研究了向上代际扶持视角下老人健康对家庭消费的影响，发现老人健康状况显著影响家庭总消费与家庭净消费。老人健康状况越差，家庭对老人的赡养负担越重，所进行的预防性储蓄动机越强，对家庭消费的挤出越多。养老负担在城乡间差别不大，在中国传统文化的熏陶下，老人的养老问题大多依靠子女的传统模式并未发生太大变化，不管在城市还是农村，"家庭养老"都是普遍存在的社会现象，并未表现出明显的城乡差异。老人数量越多，老人健康水平越差，家庭的养老负担越重，家庭消费降低得越多。老人健康对家庭消费的影响在不同收入等级的家庭存在异质性，与低收入家庭相比，对高收入家庭的影响更大。

进一步，本章从代际扶持的视角切入，对世代交叠模型进行扩展，对父辈医疗保险的家庭外部效应进行研究。研究表明，父辈参加医疗保险的子代家庭消费显著高于父辈没有参加医疗保险的子代家庭消费，处理组比控制组家庭消费显著高18%左右。通过对样本进一步的细分研究可以发现，医疗保险对消费的影响存在显著的城乡和区域差异，城市家庭父辈有保险的子代家庭消费比父辈没有保险的子代家庭消费平均高近30%，对农村家庭消费的影响不显著；按照性别和城乡细分样本，发现父辈医疗保险情况对成年子代家庭消费的影响也表现出了明显的城乡差异，该影响在城市较为显著，女儿与儿子养老负担在城乡间表现出显著差异，城市中父代有保险的女儿家庭消费比没有保险的女儿家庭消费平均高53%，在儿子的情况下家庭消费高40%，对女儿的影响大于对儿子的影响，说明女儿在家庭养老中承担的责任高于儿子；东部家庭父辈有保险的子代家庭消费比没有保险的子代家庭消费平均高近27%，中部、西部家庭消费差异不显著；父辈有医疗保险的成年子女中，对45—55岁的子代家庭消费的影响显著。医疗保险可以在一定程度上替代"家庭养老"，减轻子代家庭的养老负担，对子代家庭消费具有溢出效应。

综上所述，老人健康、父辈的医疗保险情况对子代家庭消费有显著影响，社会医疗保险保障制度在家庭外部效应上对消费有显著影响，据此可以为中国扩大内需、提振居民消费、降低居民储蓄率提供有效的政策建议。政府应该进一步完善包括医疗保险在内的社会保障体系建设，发挥医疗保险等社会保障对"家庭养老"的替代作用，减轻子代家庭赡养老人的医疗和养老负担，释放居民的消费潜力；进一步实现社会保障服务供给的均等化，城镇居民基本医疗保险和城镇职工基本医疗保险的缴费额比新农合高，城市居民的医疗保障比农村居民高，要进一步提高农村居民的医疗保障水平，降低农村居民和中部、西部地区广大居民支出的不确定性；加大对社会医疗保险的宣传力度，特别是在农村及中部、西部地区的医疗保障宣传工作，改变落后地区的落后观念，提高人们对社会保险的接受度与信任度，更新观念，促进居民消费的长期增长，进而扩大内需，促进经济健康持续的增长。

第五章　子女教育与家庭消费行为

在父辈对子女提供的向下代际扶持中，教育扶持是家庭消费的重要组成部分，本章将子女受教育阶段划分为义务教育阶段和高等教育阶段，分别研究父辈的教育期望、教育扶持与家庭消费的关系。首先，本章研究在义务教育阶段父辈对子女的质量期望如何影响家庭消费。在现代经济社会，家庭努力提高子女的人力资本水平已成为社会发展的潮流，积极提高子女质量的家庭可能会增加更多的预防性储蓄，从而对家庭消费影响更大。这可能是中国家庭高教育投入与高储蓄率一直相伴而生的重要原因（刘永平，2008）。所以，父辈对子女的期望因提高教育支出和（或）预防性储蓄而降低了家庭消费。据有限检索，目前并未有学者研究教育支出和预防性储蓄的相对关系。然而，二者的关系对于理解子女教育如何影响家庭消费具有重要的意义，这也构成了本章的研究目的之一。进一步地，本章研究了高等教育阶段子女对家庭消费的影响。目前，中国处于高等教育大众化时代，子女受教育年限普遍延长，高等院校入学率逐年提高，自 1997 年高等教育改革以来，高等教育公共保障政策不断完善，大规模的社会平等化过程对微观家庭显现出较大影响，有必要研究现阶段高等教育支出对父辈抚幼负担及家庭消费的影响。

第一节　父辈期望对家庭消费的影响

一　影响机制及异质性分析

家庭生育决策由生育动机和抚养成本构成。从生育动机来讲，家庭生育通常是为了获得物质利益或精神享受。前者包括获取劳动力和养老保障，后者主要指从抚养子女的过程中获得愉悦和欣慰。抚养子女的成本主要包括时间和金钱，前者可以理解为机会成本，后者可以视为产品成本。在生育动机和抚养成本的约束下，家庭对子女兼具数量需求和质量需求。由于数量需求与质量需求相互替代，家庭在经济社会发展进程中倾向于以质量代替数量。在经济社会发展初期，家庭生育动机主要是获取劳动力和养老保障，且以较低的产品成本为主，所以家庭生育率较高。随着经济社会的发展，生育动机逐渐从获取物质利益向满足精神享受过渡，机会成本逐渐占主导并越来越大，致使家庭对孩子的数量需求降低而质量需求提高。所以，家庭对子女均具有特定的质量期望，而且家庭对子女的质量需求随着经济社会的发展不断提高。因此，本节用父辈对子女的质量期望作为对子女质量的度量。

教育是提升劳动力质量的重要方面。在收入一定的条件下，家庭对子女质量进行投资与生育动机有关。在利他动机下，子女质量进入家庭效用函数：子女质量越高，家庭效用就越高。此时，家庭对子女的质量投资类似于对耐用品的消费。在自利动机下，抚养子女与储蓄具有类似的养老功能。加大对子女质量的投资能够提升其未来的人力资本进而提高收入，因此家庭能够获得更多的养老保障。此时，对子女质量的需求类似于对资本品的投资。所以，不管生育动机如何，家庭均有投资子女质量的激励。这就不难理解追求效用最大化的家庭为什么热衷于对子女的教育进行投资。然而，培养特定质量的子女需要一定的资本投入。一般而言，父辈期望越高，对子女受教育的投入越高。所以，父辈对子女的质量期望与培养成本正相关。而且，在人力资本投资边际效用递减的假设下，质量期望的提高会以更大的幅度增加培养成本。在家庭收入一定的条件下，质量期望会影响家庭消费决策。由于"望子成龙"家庭的质量期望更高，其消费受到的影响可能更大。质量期望的提高可能伴随着家庭教育支出的提高和非教育支出的减少，前者是直接的教育支出，后者是为子女教育未雨绸缪的预防性储蓄。教育支出按发生地点可以分为非自主性消费和自主性消费，前者指接受学校教育而发生的消费，后者指购买校外教育服务而发生的消费。

对子女教育的关心程度或者对子女的质量期望侧重的是谁更想获得教育以及获得何种程度的教育，反映了父辈的一种美好希望，是家庭进行教育投入的内在动力。但是大量的研究表明，父辈对子女的质量期望存在阶层差异。布劳和邓肯的地位获得模型以及之后的修正模型，把父母的教育期望作为家庭社会经济地位影响子女教育成就的中介变量，为质量期望的阶层差异提供了最初的解释。若以家庭收入代表阶层地位，一般认为低收入家庭对教育的重视程度不如中收入家庭；家庭收入越高，父辈对子女的教育期望也越高。而低收入家庭虽然具备了教育投资理念，但是受成本和收益双重悲观预期的影响，缺乏教育投资的积极性。刘保中（2018）认为中产家长对子女教育格外重视，父母对子女教育的投入竭尽所能地去满足。从城乡差异来讲，城市家庭的教育期望总体上高于农村，城市家庭对子女的学习更为关怀，对其监督更为严格。城市家庭期待子女获得硕博学历的比例远远高于农村家庭。所以，家庭收入与城乡差异是影响父辈对子女质量期望的重要因素。此外，父母文化水平也影响其对子女的质量期望。根据上文的论述，家庭生育决策体现了父辈对子女质量的权衡，也是影响父辈对子女期望的重要因素。

二 基于 OLG 模型的理论分析

假设父辈的人力资本存量为 H_1，且希望子代能达到 AH_1 的水平。对 AH_1 水平的质量期望需投入培养成本 $A^\alpha H_1^\lambda$，其中，$\alpha>1$，即人力资本投资边际效用递减，$\lambda<0$，即抚养成本与父辈的人力资本水平负相关。父辈生育 n 个子女，假设子女之间无差异。父辈的收入水平为 H_1W_1，并在消费、储蓄和培养子女之间分配。父辈的效用函数为 $U=(An)^\beta \ln C_1+\ln C_2$，其中，$C_1$ 为父辈年轻时的消费，C_2 为年老时的消费，$(An)^\beta$ 为利他动机下父辈从 n 个子女质量之和中获得的效用，其值越大，所能替代的 C_1 越多，故而 $\beta<0$。在上述假定下，有：

$$C_1=H_1W_1-A^\alpha H_1^\lambda-S \tag{5-1}$$

$$C_2=(1+r)S+\rho n A H_1 W_2 \tag{5-2}$$

其中，r 表示利率；W_1、W_2 分别表示父辈和子代的工资率；在自利动机下，父辈对每个子女要求其收入的比例 ρ 作为养老保障。求解上述最优化过程，得：

$$C_1=\frac{1+(An)^\beta}{(An)^\beta}\left[H_1W_1-A^\alpha H_1^\lambda+\frac{\rho n A H_1 W_2}{1+r}\right] \tag{5-3}$$

式（5-3）两端对 n 求导，得：

$$\frac{\partial C_1}{\partial n}=\frac{-1}{(An)^\beta}\left\{\frac{\beta(H_1W_1-A^\alpha H_1^\lambda)}{n}-\frac{\rho A H_1 W_2[1-\beta+(An)^\beta]}{1+r}\right\} \tag{5-4}$$

其中，$\frac{-1}{(An)^\beta}$ 为负，而 $\frac{\beta(H_1W_1-A^\alpha H_1^\lambda)}{n}-\frac{\rho A H_1 W_2[1-\beta+(An)^\beta]}{1+r}$ 的正负取决于相关参数。所以，在考虑了父辈对子代的质量期望以后，子女数量对家庭消费的影响并不确定。

如果具有以下关系：

$$n=1+\frac{\phi}{AH_1} \tag{5-5}$$

那么式（5-5）表明，家庭抚养的子女数量与对子女的质量期望及父辈的人力资本负相关，但不少于 1 个。将式（5-5）代入式（5-3），得：

$$C_1=\frac{1+\left(\frac{AH_1+\phi}{H_1}\right)^\beta}{\left(\frac{AH_1+\phi}{H_1}\right)^\beta}\left[H_1W_1-A^\alpha H_1^\lambda+\frac{\rho A H_1 W_2\left(1+\frac{\phi}{AH_1}\right)}{1+r}\right] \tag{5-6}$$

显然，C_1 随着 A 的增加而递减①：对子女的期望越高，家庭消费越少。

三 实证分析

（一）数据来源及变量选取

本节使用中国家庭动态追踪调查（CFPS）项目 2014 年的数据。CFPS2014 根据三阶段不等概率整群抽样原理进行，抽样范围涵盖 25 个省份、621 个社区、13946 个家庭。本节研究父辈对子女的质量期望对家庭消费的影响，因此仅使用 CFPS2014 中有义务教育阶段入学子女的家庭样本，所涉及的子库包括家庭库、成人库和儿童库。本节以家庭库为基础，根据家庭编码、个人编码将三个子库数据进行匹配和汇总。表 5-1 报告了本章所用变量的标识、含义及来源。来源指该变量在 CFPS 数据库中的标识，其中 $linc$ 和 lc 取自 CFPS2012。

表 5-1　　　　　　　变量的标识、含义及来源

标识	含义	来源	标识	含义	来源
c	家庭非教育消费	$expense$	$tuition$	家庭的子女教育消费	$wd5total$
$esave$	家庭为子女教育进行的储蓄	$wd402$	tv	家庭为子女学习而关电视的频率	$wf601$
$score$	家庭对子女的期望成绩	$wf701$	sxn	有几个子女上学	$kr1$
sxf	家庭有无上学子女	$kr1$	old	65 岁及以上老龄人口数量	2014_age
$east$	家庭是否位于东部	$provcd14$	$fs8$	家庭藏书量	$fs8$
$west$	家庭是否位于西部	$provcd14$	job	是否有成员就职于国有部门	$qg2$
inc	家庭收入对数	$fincome1$	$urban$	是否位于城市	$urban14$
lc	2012 年家庭消费对数	$fincome1$	$child$	家庭子女数量	2014_age
$linc$	2012 年家庭收入对数	$expense$			

结果变量分别为家庭非教育消费、教育消费及教育储蓄，分别

---

① 不难验证，式（5-6）等号右端的两项中：左侧分数项关于 A 递减且大于 0；右侧方括号项关于 A 递减，而且由于 $H_1 W_1 - A^a H_1^A$ 大于 0，右侧方括号项也大于 0。设左侧分数项为 $f(A)$，右侧方括号项为 $g(A)$，则 $f(A)g(A)$ 关于 A 的导数为 $f(A)'g(A)+f(A)g(A)'$，小于 0。所以 C_1 关于 A 递减。

指除子女教育支出外的家庭总支出、对所有子女教育支出总和及为所有子女教育进行的储蓄。*tv* 来源于问题"当看电视与孩子学习冲突时,您会经常放弃看您喜欢的电视节目以免影响其学习吗"。答案分为"很经常""经常""偶尔""很少""从不"五个频率。频率可以表现出父辈对子女学习的关心程度,本节认为"很经常"和"经常"表示家庭关心子女教育,对子女质量期望较高;"很少"和"从不"表示不太关注子女教育。前者为父辈期望高的家庭,取值为 1,后者为对照家庭并取值 0。① *score* 来源于问题"如果满分 100 分,您期望孩子本学期/下学期的平均成绩是多少"。考虑到对成绩的考评一般以 80 分以上为优良,而且当被访者的回答低于 80 分时,CFPS 也会提醒访员注意,所以本节以 80 分为临界点,其上为父辈期望高的家庭,取值为 1,其下为对照家庭,取值为 0。② 若家庭有多个子女入学,则 *tv* 取较高频率值,*score* 取较高期望分数。

表 5-1 的含义中带"是否"字样的标识为虚拟变量,以 1 代表是;*job* 为虚拟变量,若有家庭成员就职于政府部门、事业单位或国有企业,取值为 1;本节的东部地区指北京、天津、辽宁、河北、上海、江苏、浙江、福建、山东、广东,西部地区指四川、重庆、贵州、云南、陕西、甘肃、广西,中部地区指山西、吉林、黑龙江、安徽、江西、河南、湖北、湖南;根据家庭成员编码及年龄获得儿童数量和老龄人口数量;未说明变量均在相应子库中直接给出,不再赘述。

根据上文的论述,本节以 *inc*、*linc*、*lc* 和 *job* 表示影响父辈期望的家庭社会经济地位因素;以 *urban* 表示城乡差异;以 *fs*8 表示父辈文化水平;以 *child* 表示父辈生育决策。除上述变量外,本节还控制了家庭区域、上学子女数量以及老人数量。

(二)实证检验

考虑到对子女的质量期望可能与家庭特征相关,本节使用倾向

---

① 选择 *tv* 作为"望子成龙"变量是因为绝大多数家庭都有电视,而且不管父辈教育程度如何、家庭收入如何,成人一般都能认识到电视声音对子女学习的不利影响。

② 选择 *score* 是因为其能直观地反映父辈对子女的教育期望。

得分匹配方法（PSM）估计父辈期望对家庭消费的影响，以缓解家庭自选择问题造成的估计偏误。处理变量为 sxf、tv 和 score；结果变量为 c、esave 和 tuition；用 PSM 方法估计的协变量为表 5-1 中所列的除上述 6 个变量以外的 11 个变量。PSM 方法的有效性依赖于两个前提假设。其一为重叠假设，要求处理组和对照组的倾向得分有较大的共同取值范围，否则会导致估计偏差。为提高匹配质量，本节仅保留倾向得分具有重叠部分的个体。同时，由于本节使用 CFPS2014 大样本数据，处理组和控制组数量较多，所以能够较好地满足重叠假设。而且，在匹配后，通过进一步检验所排除的样本数量占样本总量的比例，可以保证 PSM 估计满足重叠假定。其二为平衡性假设，要求两组匹配以后在各变量上无显著差异。若倾向得分匹配能够平衡两组家庭在解释变量上的分布，则与匹配前相比，匹配后的 $Ps\text{-}R^2$ 将进一步降低，LR 统计量将不再显著。解释变量的标准化偏差（meanbias）一般要求小于 10，如果大于 20 则意味着匹配失败。此外，为了增强估计的稳健性，本节分别使用了三种匹配方式，依次为近邻匹配、核匹配和半径匹配。所用统计软件为 Stata14。

作为起点，首先估计子女入学对家庭消费的影响，结果见表 5-2。匹配之前，教育储蓄、非教育消费和教育消费的 LR 统计量均较大且在 1% 的显著性水平上显著，meanbias 均大于 10。匹配之后，$Ps\text{-}R^2$ 均有明显下降，LR 统计量在多数匹配算法中不再显著，meanbias 均明显小于 10，而且在匹配过程中由于匹配失败而损失的样本仅为 2 个，所以本节的匹配是有效的。

表 5-2　　　　　　　　子女入学如何影响家庭消费

		匹配前	近邻匹配 1 to 4	近邻匹配 1 to 6	核匹配 bw：0.03	核匹配 bw：0.05	半径匹配 Cal：0.03	半径匹配 Cal：0.05
教育储蓄	$Ps\text{-}R^2$	0.053	0.001	0.002	0.002	0.002	0.002	0.002
	LR	200***	10	12	13	14	13	16*
	meanbias	12.2	2.5	2.8	2.9	2.8	2.9	2.9
	obs	3598	3596	3596	3596	3596	3596	3596
	att	1006**	1210***	1118***	1124***	1111***	1122***	1102***

续表

		匹配前	近邻匹配 1 to 4	近邻匹配 1 to 6	核匹配 bw：0.03	核匹配 bw：0.05	半径匹配 Cal：0.03	半径匹配 Cal：0.05
非教育消费	Ps-R²	0.053	0.001	0.002	0.002	0.002	0.002	0.002
	LR	199***	7	12	12	13	12	16*
	meanbias	12.2	2.2	2.6	2.9	2.8	2.8	2.9
	obs	3595	3593	3593	3593	3593	3593	3593
	att	-939	-6434**	-7265**	-6993**	-6899**	-6974**	-6810**
教育消费	Ps-R²	0.053	0.001	0.002	0.002	0.002	0.002	0.002
	LR	200***	10	12	13	14	13	16*
	meanbias	12.2	2.5	2.8	2.9	2.8	2.9	2.9
	obs	3598	3596	3596	3596	3596	3596	3596
	att	891***	859***	836***	852***	852***	853***	851***

注：***、**、*分别表示在1%、5%、10%的显著性水平上显著。

从教育储蓄来看，6种匹配结果均显著为正且在1%的显著性水平上显著，说明有子女上学的家庭，其教育储蓄增加，平均处理效应均值约为1131元。但这可能会低估子女入学对家庭教育预防性储蓄的影响，因为很多时候父辈并不会刻意区分存款目的。接下来，借鉴杨汝岱和陈斌开（2009）的方式，以非教育消费为结果变量进行估计。此时，6种匹配结果均显著为负，均值为6896元。所以，子女入学挤出家庭非教育消费6896元，约占无子女入学家庭非教育支出总量66788元的10.32%。这与杨汝岱和陈斌开（2009）所估计的12%、高梦滔（2011）估计的10%非常接近。从教育消费来看，6种匹配结果也均在1%的显著性水平上显著为正，所以子女入学平均增加家庭教育支出约为851元。对比教育消费和非教育消费可以发现，因子女入学而增加的教育支出仅占其挤出的非教育支出的13.34%，所以子女入学主要通过挤出非教育支出而增加预防性储蓄的方式降低家庭消费。

接下来聚焦父辈期望对家庭消费的影响，表5-3分别以 *tv* 和 *score* 为处理变量报告了全样本估计结果。由于匹配带宽（卡尺）越小，匹配后处理组和控制组家庭的差异越小，匹配质量越高，表5-3及以下表格不再报告带宽（卡尺）为0.05的匹配结果。匹配之前，三个结果变量的LR统计量均较大且在1%的显著性水平上显著，meanbias虽小于20但均大于10。匹配之后，$Ps-R^2$均有明显下降，LR统计量在多数匹配算法中不再显著，meanbias均明显小于10，而且在匹配过程中因匹配失败而损失的样本很少，所以本节的匹配能够满足PSM估计的要求。

表5-3　　　　父辈期望如何影响家庭消费：全样本

		tv				score			
		匹配前	近邻匹配 1 to 4	核匹配 bw: 0.03	半径匹配 Cal: 0.03	匹配前	近邻匹配 1 to 4	核匹配 bw: 0.03	半径匹配 Cal: 0.03
教育储蓄	$Ps-R^2$	0.058	0.005	0.003	0.003	0.100	0.006	0.003	0.003
	LR	141***	16	10	10	229***	28**	12	12
	meanbias	12.5	4.7	3.3	3.2	19.5	3.7	3.0	3.1
	obs	1888	1882	1882	1887	2086	2080	1868	1868
	att	869	1344**	1300**	1256**	323	1271*	724"	744"
非教育消费	$Ps-R^2$	0.058	0.005	0.003	0.003	0.100	0.006	0.003	0.003
	LR	140***	16	10	10	228***	27**	13	13
	meanbias	12.4	4.3	3.2	3.3	19.5	3.4	3.6	3.5
	obs	1886	1880	1880	1880	2084	2078	1874	1874
	att	-5049	-9953**	-6128*	-6075*	-10339***	-13138***	-8534**	-9204**
教育消费	$Ps-R^2$	0.058	0.005	0.003	0.003	0.100	0.006	0.003	0.003
	LR	141***	16	10	10	229***	28**	12	12
	meanbias	12.5	4.7	3.3	3.3	19.5	3.7	3.0	3.1
	obs	1888	1882	1882	1882	2080	2086	1868	1868
	att	-174	-304	-226	-216	-67	21	60	40

注：***、**、*、"分别表示在1%、5%、10%和20%的显著性水平上显著。

首先，父辈期望显著提高了家庭教育储蓄：tv 的处理效应均显著为正，均值为 1300 元；$score$ 的处理效应均为正，均值为 913 元；总体来看，处理效应平均为 1107 元。同表 5-2 类似，这同样可能低估父辈期望的影响。同理，从非教育消费来看：6 种匹配算法均显著为正，父辈期望显著降低家庭非教育消费 10562 元，约占对照组家庭消费 56635 元的 18.65%。但教育消费的处理效应，无论以 tv 还是以 $score$ 为处理变量，在不同的匹配算法下均不显著。与子女入学相同，父辈期望也主要通过挤出非教育支出的方式，通过增加预防性储蓄降低家庭消费。与子女入学相比，父辈期望对非教育消费的平均处理效应均值更大，与对照组家庭相比，消费降幅更大。所以，与子女入学相比，父辈期望对家庭消费的影响更大。

父辈的质量期望对城乡家庭的影响可能存在差异。一方面，家庭对于"为子女学习，是否经常放弃看电视？"等问题的回答可能与邻居亲朋的实际表现相关，因而具有相对性。所以，即使城乡家庭的回答均为"经常"，城市家庭的实际频率也可能更高，这是因为城市家庭对子女教育的关心程度整体而言高于农村（刘保中，2017）。另一方面，本节主要聚焦父辈期望通过提高物质教育投入对家庭消费的影响，而收入相对低的农村家庭可能相对缺乏投入的积极性。基于上述两个方面的考虑，推断父辈的质量期望对城市家庭的影响更大。

表 5-4 对此进行了验证。根据上文的经验，Ps-R^2 和 meanbias 在匹配之前均较小，且匹配之后又都出现了明显的下降，所以表 5-4 对此不再进行报告。从 LR 统计量来看，匹配之后多不显著，而且在匹配过程中损失的样本量较少，因此本节的估计能够保证估计结果的有效性。

表 5-4　　父辈期望对城乡家庭消费的影响

			tv				score			
			匹配前	近邻匹配 1 to 4	核匹配 bw: 0.03	半径匹配 Cal: 0.03	匹配前	近邻匹配 1 to 4	核匹配 bw: 0.03	半径匹配 Cal: 0.03
教育储蓄	LR	城	59***	12	8	7	95***	19**	15	15
		乡	89***	13	11	9	142	15	14	14
	obs	城	921	912	912	912	1006	984	984	984
		乡	967	964	964	964	1080	1076	1076	1076
	att	城	980	1535*	1508*	1515*	699	1449"	1457"	1449"
		乡	711	1445*	1171"	1155"	-30	810	771	802
非教育消费	LR	城	59***	10	8	7	96***	18	15	15
		乡	89***	11	11	9	141***	14	14	13
	obs	城	920	911	911	911	1005	984	984	984
		乡	966	963	963	963	1079	1075	1075	1075
	att	城	-14510***	-12968**	-13857***	-13801***	-20237***	-18654***	-20236***	-20075***
		乡	2269	154	2340	1969	-1416	-801	-1939	-2764
教育消费	LR	城	59***	16	15	7	95***	19	15	15
		乡	89***	13	11	32	142***	15	14	13
	obs	城	921	912	909	912	1006	984	984	984
		乡	967	964	964	964	1080	1076	1076	1076
	att	城	-327	-553"	-417	-602	75	288	188	159
		乡	-58	130	26	32	-203	-159	-119	-94

注：***、**、*、"分别表示在1%、5%、10%和20%的显著性水平上显著。

再来看父辈的质量期望对城市家庭教育储蓄的影响，当处理变量为 tv 时，处理效应均显著为正，在三种匹配算法下依次为1535元、1508元、1515元，均值为1519元。当处理变量为 score 时，处理效应均为正，在三种匹配算法下依次为1449元、1457元、1449

元，均值为 1452 元。总体来看，均值为 1486 元。相比之下，父辈期望对农村家庭教育储蓄 6 个处理效应虽然均为正，但仅当处理变量为 tv 时具有一定的显著性。这意味父辈期望对城市家庭的教育储蓄影响更大。但该结果也可能是因为农村家庭的理财能力较弱，在进行储蓄时并未刻意区分教育与非教育储蓄。所以，有必要继续分析父辈期望对非教育消费的影响。对城市家庭而言，无论处理变量是 tv 还是 $score$，在不同的匹配算法下，处理效应均显著为负，均值为 16599 元，占对照组家庭非教育消费的 28.85%。对农村家庭而言，处理效应均不显著且正负参半，所以父辈期望对农村家庭非教育消费无显著影响。但这并不意味着父辈期望对农村家庭无影响，因为对子女教育的关心，除物质投入外，还包括非物质投入。在农村，对子女教育要求更高的家庭，可能对子女学习督促更多。从教育消费来看，父辈期望对城乡家庭影响均不显著，这意味着有子女入学家庭的教育消费大致相同。所以，相对于农村家庭，父辈期望对城市家庭消费的影响较大，而且主要方式也是通过挤出非教育消费、增加预防性储蓄。父辈期望对家庭消费的影响也可能与家庭收入有关。父辈期望对低收入家庭的影响可能较小，因为低收入家庭面临流动性约束，衣食等基本支出占了家庭总支出的很大比重，子女教育挤占消费的空间可能不大。对于较高收入家庭而言，由于流动性宽裕、未来收入预期较好，进行教育储蓄的必要性相对较小，对家庭非教育消费的挤出可能也不明显。对于中等收入家庭而言，其既有一定的教育消费能力，又面临一定的流动性约束，因而为子女教育未雨绸缪就具有一定的必要性，对家庭非教育消费的挤出也较明显。表 5-5 和表 5-6 对上述推论进行了验证。其中的收入指家庭人均纯收入，并以 8000 元和 14000 元作为临界点将家庭分为低、中、高收入三类①。

---

① 家庭人均纯收入指标来自 $fincome2\_per$。不同的临界点会影响估计结果，但不会改变"望子成龙"对较低和较高收入家庭影响较小的结论。

表 5-5　　　　父辈期望对不同收入等级家庭消费的影响：
中等收入和高收入样本

			tv				*score*			
			匹配前	近邻匹配 1 to 4	核匹配 bw: 0.03	半径匹配 Cal: 0.03	匹配前	近邻匹配 1 to 4	核匹配 bw: 0.03	半径匹配 Cal: 0.03
教育储蓄	LR	中	61***	8	5	5	65***	11	11	11
		高	55***	5	8	8	73***	12	7	6
	obs	中	500	497	497	497	545	540	540	540
		高	572	566	566	566	623	607	985	607
	att	中	773	755**	1418**	1422**	270	1033"	1078"	1052"
		高	677	1496*	1743**	1742**	-159	665	607	982
非教育消费	LR	中	61***	8	5	5	65***	11	11	11
		高	54***	6	9	10	72***	11	6	6
	obs	中	500	497	497	497	545	540	540	540
		高	570	565	565	565	621	605	605	605
	att	中	-5460	-9430*	-9155*	-9111*	-13597***	-15777**	-16154**	-18295***
		高	-3913	-8646	-12198*	-11595*	-8221	-18620**	-23575**	-23072***
教育消费	LR	中	61***	8	5	5	65***	11	11	11
		高	55***	5	8	8	73***	12	7	6
	obs	中	500	497	497	497	545	540	540	540
		高	572	566	566	566	623	607	607	607
	att	中	-176	-605*	-588*	-633*	268	48	87	89
		高	-357	-76	-194	-189	-326	-296	-198	-192

注：***、**、*、"分别表示在1%、5%、10%和20%的显著性水平上显著。

表 5-5 以中等收入家庭和高收入家庭为样本，对比匹配前后的 $Ps\text{-}R^2$、LR 统计量、meanbias 和 obs 可以发现，该匹配能够满足 PSM 估计的要求。首先，父辈期望明显提高了两类家庭的教育储蓄。对中等收入家庭而言，当以 *tv* 为处理变量时，3 个处理效应均显著，分别为 755 元、1418 元、1422 元。当以 *score* 为处理变量时，

父辈期望对教育储蓄的影响也较为明显,处理效应分别为 1033 元、1078 元、1052 元。对高收入家庭而言,虽然 tv 为处理变量时 3 个处理效应均显著且较大（分别为 1496 元、1743 元、1742 元）,但处理效应在 $score$ 下均不显著。因此,相对于高收入家庭而言,父辈期望对中等收入家庭教育储蓄的影响更大。其次,父辈期望明显降低了两类家庭的非教育消费。对中等收入家庭而言,6 个处理效应均显著,分别为 9430 元、9155 元、9111 元、15777 元、16154 元、18295 元,均值为 12987 元,与对照组家庭非教育消费相比,均值降幅 26.89%。对高收入家庭而言,6 个处理效应也较为显著,分别为 8646 元、12198 元、11595 元、18620 元、23575 元、23072 元,均值为 16284 元,均值降幅 21.57%。从降幅来看,中等收入家庭因父辈期望而挤出的家庭消费较高,因此负担更重。综上所述,与高收入家庭相比,父辈期望对中等收入家庭的影响更大,且由于教育消费的处理效应显著性不高,父辈期望同样通过预防性储蓄挤出了家庭非教育消费。

表 5-6　　父辈期望如何影响家庭消费:低收入样本

		tv				$score$			
		匹配前	近邻匹配 1 to 4	核匹配 bw: 0.03	半径匹配 Cal: 0.03	匹配前	近邻匹配 1 to 4	核匹配 bw: 0.03	半径匹配 Cal: 0.03
教育储蓄	LR	51***	6	3	3	107***	58***	6	6
	meanbias	10.4	3.3	3.3	3.4	19	11	9	9
	obs	816	809	808	808	918	891	514	514
	att	1307	614	890	887	1063	1250	258	326
非教育消费	LR	51***	6	3	3	107***	58	6	6
	meanbias	10	4	3	3	19	11	9	10
	obs	816	809	808	808	918	891	514	514
	att	2833	137	2383	2507	1610	-1634	-168	-567

续表

		tv				score			
		匹配前	近邻匹配 1 to 4	核匹配 bw：0.03	半径匹配 Cal：0.03	匹配前	近邻匹配 1 to 4	核匹配 bw：0.03	半径匹配 Cal：0.03
教育消费	LR	51***	6	3	3	107***	58***	6	6
	meanbias	10	3	3	3	19	8	6	7
	obs	816	809	808	808	918	891	514	514
	att	80	-7	7	27	111	-58	-233	-246

注：***分别表示在1%的显著性水平上显著。

表 5-6 以低收入家庭为样本，由于匹配之后 LR 统计量大都不再显著，且 meanbias 大都远小于 10，所以表 5-6 的匹配能够保证估计结果的有效性。然而，无论处理变量是 tv 还是 score，在各种匹配方式下，教育储蓄、非教育消费和教育消费的处理效应均不显著。表面看来，父辈期望对低收入家庭的影响不显著，但事实可能并非如此。对于低收入家庭而言，以父辈的辛劳换取子代的锦绣前程也为大众所认可，所以常闻"砸锅卖铁"供子女读书的感人故事。对低收入家庭而言，处理效应之所以不显著，并非其不愿为子女教育进行投资，而是由于流动性不足，受限于信贷约束。由此而言，加强对贫困学生的补助是必要的。

第二节 子女上大学对家庭消费的影响

已有文献研究所用微观数据描述的是高等教育改革之后五年到十年的现实情形，且这类研究都是在信贷市场不完全的前提下进行的，如果国家的教育保障政策更加完善，家庭能够通过助学贷款、奖/助学金支付学费，就可以打破流动性约束，保持家庭既有消费水平（高梦滔，2011）。另外，在微观数据的构建选择上，已有文献存在若干数据不可比的缺陷。如今,距高等教育改革已过去20余年,中国高等教育公共保障政策的完善,对微观家庭显现出较大的影响,有必要重新研究高等教育支出对家庭消费的影响。扩招使上大学的子女越来越多,在高校日渐完备的奖/助学金政策保障下,"因教致贫"在有大学生的家庭是否还是一个普遍现象,家庭培养子女的负担是否已经减轻?高等教育奖/助学金及助学贷款的政策效果如何?高等教育投入支出对家庭消费的影响是否在逐渐降低?教育体制改革对居民消费行为的影响在过去的20余年间是否已经发生变化?不同地区、不同收入阶层以及城乡之间有何差异?这是本节想要解决的问题。下文将使用微观家庭数据对这一系列问题展开实证分析,从家庭培养子女所进行的代际扶持角度切入,通过构造CFPS2010、CFPS2012、CFPS2014、CFPS2016四年的混合截面数据,采用倾向得分匹配(PSM)方法,研究高等教育支出与家庭消费的关系。

一 数据及变量说明

本节使用CFPS2010、CFPS2012、CFPS2014、CFPS2016四年数据构造混合截面数据。CFPS根据三阶段不等概率整群抽样原理进行抽样,三次调查抽样范围依次涵盖14798个、13315个、13946个、14033个家庭,包含家庭库、成人库、儿童库和家庭关系库四个子库。本节所用数据均来源于家庭库、成人库和家庭关系库三个子库,根据个人编码和家庭编码对其进行匹配和汇总并最终得到本节所用数据。

首先以家庭库为基础,根据家庭编码、个人编码将三个子库数据进行匹配和汇总,然后剔除变量缺失或不合理的样本。数据匹配和汇总过程如下:第一步,首先定位第 t 年(t = 2010、2012、2014)正在读高中的个体,然后根据其个人编码判断其在 $t+2$ 年的学习状态。若该生正在读大学或者不再上学但已获得大学学历,则认为其获得了大学入学机会;若该生不再上学且最高学历为高中,则认为其没有获得大学入学机会。第二步:根据其个人编码获得其

第 t 期个人数据。第三步：根据其家庭编码获得其家庭数据。获得大学入学机会的划入处理组，否则属于控制组。以该规则定义的处理变量以虚拟变量 gkf 表示，以生成不同的处理变量。$gkf=1$ 表示子女考上大学（包含本科与专科），反之子女没有考上大学；进一步，设定虚拟变量 $gkfb$ 表示是否考上本科，$gkfb=1$ 表示子女考上本科，反之子女没有考上本科①。为更加细致地考察子女上大学对家庭消费的影响，在保持控制组不变的情况下，本节对处理组进行如下划分，以生成不同的处理变量。

（1）根据统计局标准，将处理组家庭分为城镇和农村两类。其中，$rural$ 的处理组仅包含农村家庭，$urban$ 的处理组仅包含城市家庭。

（2）将处理组家庭按地域分为东、中、西三部分。$east$ 的处理组仅包含东部地区家庭，$middle$ 和 $west$ 同理定义。东部地区指北京、天津、辽宁、河北、上海、江苏、浙江、福建、山东、广东，西部地区指四川、重庆、贵州、云南、陕西、甘肃、广西，中部地区指山西、吉林、黑龙江、安徽、江西、河南、湖北、湖南。

（3）将处理组按家庭收入等级进行划分。为了使高收入家庭与低收入家庭的样本大体相当，以家庭年收入三万元为界限将全样本分为两组。

（4）将处理组家庭按照父辈教育程度分为两类，以考察不同家庭教育环境下子女上大学对家庭消费的影响。根据数据，为了使高学历家庭与低学历家庭的样本大体相当，选择以初中为临界点进行划分。另外，父亲的受教育程度与父亲的职业和家庭收入等关系较大，因此变量选择了父亲的教育程度，$eduf \leqslant 2$ 表示家庭中父亲学历为初中及以下，$eduf \geqslant 3$ 表示家庭中父亲学历为高中及以上。

本节所用结果变量为家庭消费和家庭消费率。家庭消费为剔除

---

① 此时把考上专科的样本剔除。

了家庭教育投入之后的家庭消费的对数。之所以采用对数而不采用原值是因为对数形式能较为方便地计算处理组相对于控制组的收入变化。家庭消费率是指除子女教育支出外家庭消费与纯收入的比值。自变量是子女是否考上大学，因变量是剔除了教育投入之后的家庭消费。

子女能否考入大学是一个自选择问题，受一系列因素的影响，也与个人的教育成就有关。借鉴布劳和邓肯的社会分层研究范式——自致与先赋框架（刘精明，2008），决定个人教育成就的因素包括自致因素与先赋因素。所谓自致因素是指个体努力的主观能动性；先赋因素包括家庭资源和非家庭资源，前者是一种较稳定的关系模式，后者是微观家庭所从属的中观社会结构。而家庭资源又分为内生性资源和外依性资源两类，内生性资源指具有内生特点的家庭人口结构（如兄弟姐妹的数量①）和文化结构（如父母的人力资本水平），会导致个体的选择偏好差异与个体能力分化；外依性资源是指具有外生特点的外部制度环境与社会环境，如本节中的高等教育奖/助学金体系的完善和发展就直接会降低高等教育机会的不平等性。因此，根据本节的研究思路选取协变量，如表5-7所示。

表5-7　　　　　　所用协变量的标识和含义

变量标识	变量含义	变量标识	变量含义
income	家庭收入对数	zns	家庭中兄弟姐妹人数
gender	子女性别	gkf	是否考上大学，考上=1
urban	城乡划分，城市=1	gkfb	是否考上本科，考上=1
eduf	父亲受教育水平	east	东部地区，东部=1
kr425	子女班级排名	west	西部地区，西部=1
year	年份		

---

① 有研究表明兄弟姐妹的数量与个体认知及教育获得机会存在显著的负相关关系。

二 实证分析

本节主要使用倾向得分匹配方法（Propensity Score Matching, PSM），考察对子女上大学的高等教育投入对家庭消费的影响，以缓解或解决自选择性导致的估计偏误。该方法的有效性依赖于重叠假设和平衡性假设（Balancing Assumption）。重叠假设要求处理组和控制组的倾向得分有较大的共同取值范围。对此，本节仅保留倾向得分具有重叠部分的个体。可见本节的估计满足共同支撑假设（Common Support Assumption）。平衡性假设要求匹配以后的控制组和处理组在各协变量上无显著差异，一般通过观察匹配后两组变量的标准化偏差的绝对值来判断，一般认为该值要小于20。下文中的 *bias* 表示标准化偏差绝对值大于20的协变量数量，0表示无，1表示有1个。可见，本节的绝大多数估计量满足平衡性假设，所以估计是有效的。此外，为增强估计的稳健性，分别使用五种匹配方式，表中从左至右依次为1对4匹配、核匹配、半径匹配、局部线性回归匹配以及马氏匹配。

首先，估计全样本情形下子女上大学对家庭消费的影响，如表5-8和表5-9所示。在五种匹配方式下，子女上大学（不管子女是接受本科教育还是专科教育）对家庭消费量和消费率的影响在统计上不显著，说明经历20余年高等教育改革已经具备完善的奖助/学金及助学贷款政策，子女接受高等教育不再是家庭的负担，教育扩展或其他大规模的平等化社会过程削减了教育领域中的机会不平等。虽然家庭自身的禀赋可能成为子女受教育机会不平等的内生原因，但是教育不平等受家庭资源以外的社会制度环境影响更大（刘精明，2008），即对社会制度环境的"外依性"使家庭内生性资源（如收入的贫富差距、父母人力资本水平等）不再是造成子女无法进入大学的原因，而更多地依赖于外部制度环境的改变。当这种高等教育奖/助学金制度环境趋向更平等时，例如，中国在2000年之后逐步完善的国家奖/助学金与国家助学贷款等各种保障制度政策，便会保障来自不同背景和家庭环境的学生"学有所依"，高等教育门槛因此降低。

在高等教育机会均等化下，家庭对子女上大学的教育投入不会影响家庭的其他消费和家庭消费率。

表 5-8　子女是否考上大学对家庭消费的影响

	1 对 4 匹配	核匹配	半径匹配	局部线性回归匹配	马氏匹配
处理效应（消费量）	-1594	-1043	-210	-2144	-3270
处理效应（消费率）	-15.59	-24.74	-4.21	-4.21	1.87
对照组数量	234	234	234	234	221
处理组数量	591	591	591	591	582
bias	0	0	0	0	1
t	0	0	0	0	1

表 5-9　子女是否考上大学本科对家庭消费的影响

	1 对 4 匹配	核匹配	半径匹配	局部线性回归匹配	马氏匹配
处理效应（消费量）	-763	-3098	-3734	-5364	-2716
处理效应（消费率）	-33.08	-15.44	-22.94	-15.79	1.44
对照组数量	234	234	234	234	221
处理组数量	302	302	283	301	295
bias	0	0	0	0	1
t	0	0	0	0	1

进一步，将处理组家庭按照城乡分为两组，结果显示在除了马氏匹配之外的其他四种匹配下，子女是否上大学对城乡家庭消费和消费率的影响没有显著差异。只有在马氏匹配下，农村样本中有子女上大学的家庭消费率比没有子女上大学的家庭高，处理效应略微显著。具体见表 5-10。

表 5-10　　　　子女是否上大学对城乡家庭消费的影响

		1对4匹配	核匹配	半径匹配	局部线性回归匹配	马氏匹配
农村	处理效应（消费量）	2003	486	2052	939	4119
	处理效应（消费率）	0.85	1.40	0.96	1.69	3.12*
	对照组数量	172	172	172	172	162
	处理组数量	340	340	340	340	334
	bias	0	0	0	0	0
	t	0	0	0	0	0
城市	处理效应（消费量）	−5234	−5101	−4051	−7450	−8676
	处理效应（消费率）	0.75	0.87	1.04	−26.84	−0.19
	对照组数量	62	62	62	62	59
	处理组数量	246	246	229	246	248
	bias	1	0	0	1	2
	t	1	0	0	1	3

注：*表示在10%的显著性水平上显著。

为了进一步考察子女上大学是否因家庭内生性资源的影响进而会对家庭消费产生影响，将样本按照父亲受教育程度分为初中及以下与高中及以上两类样本，检验子女上大学对家庭消费的影响（见表 5-11）。实证结果显示，不同受教育程度的父辈其子女上不上大学对家庭消费量和消费率的影响无差异，说明父辈家庭内生性资源不能通过影响子女进入大学进而影响家庭消费水平。

表 5-11　　　　子女是否上大学对家庭消费的影响：
按父亲受教育程度划分

		1对4匹配	核匹配	半径匹配	局部线性回归匹配	马氏匹配
$eduf \leqslant 2$	处理效应（消费量）	−2999	−5593	−5214	−7433	−2136
	处理效应（消费率）	−3.91	−3.59	−3.42	−1.39	−7.86

续表

		1对4匹配	核匹配	半径匹配	局部线性回归匹配	马氏匹配
$eduf \leqslant 2$	对照组数量	95	95	95	95	93
	处理组数量	190	190	166	190	189
	bias	0	0	0	0	0
	t	0	0	0	0	0
$eduf \geqslant 3$	处理效应（消费量）	4189	1420	4724	−260	8376
	处理效应（消费率）	0.35	0.15	0.44	0.30	0.37
	对照组数量	139	139	139	139	128
	处理组数量	398	397	396	398	393
	bias	0	0	0	0	3
	t	0	0	0	0	4

此前的经验研究表明家庭培养子女的花费在不同收入的家庭中表现出异质性（钟宇平和陆根书，2003），为了进一步探讨子女上大学对不同收入家庭消费的异质性影响，将按照家庭年收入三万元为界限进行划分，估计结果显示在五种匹配方式下，对于不同收入的家庭，子女上大学对家庭消费量和消费率的影响均不显著。具体见表5-12。

表5-12 子女是否上大学对不同收入阶层家庭消费的影响

		1对4匹配	核匹配	半径匹配	局部线性回归匹配	马氏匹配
$income \leqslant 30000$	处理效应（消费量）	−5106	−4481	−6713	−3789	−7681
	处理效应（消费率）	−5.72	−2.64	4.71	−4.56	−7.46
	对照组数量	124	124	124	124	121
	处理组数量	262	262	254	262	257
	bias	0	0	0	0	0
	t	0	0	0	0	0

续表

		1对4匹配	核匹配	半径匹配	局部线性回归匹配	马氏匹配
income > 30000	处理效应（消费量）	2314	-489	-2280	-2330	1732
	处理效应（消费率）	0.04	0.04	0.06	0.06	-0.01
	对照组数量	110	110	110	110	100
	处理组数量	326	326	305	326	325
	bias	0	0	0	0	4
	t	0	0	0	0	4

第三节 本章小结

为了区分家庭对子女向下代际扶持如何影响家庭消费，本章先把研究对象限定为仅有义务教育阶段入学子女的家庭，然后再考察有高等教育阶段子女家庭的情形。对于有受义务教育阶段子女的家庭样本，父辈对子女的高教育投入降低了家庭消费。所以父辈期望从长远来看有利于经济高质量发展，从短期来看却不利于进一步扩大内需。基于倾向得分匹配（PSM）方法的研究结论可以概括如下。父辈期望挤出家庭非教育消费10562元，消费降幅18.65%。子女入学挤出家庭非教育消费6896元，降幅10.32%，父辈期望对家庭消费的影响更大；子女入学提高家庭教育储蓄1131元。在有子女入学的家庭，父辈期望进一步提高家庭教育储蓄1107元，但对家庭教育消费的影响不显著。父辈期望主要通过增加预防性储蓄的方式降低家庭消费。与农村家庭相比，父辈期望对城市家庭影响更大，挤出其非教育消费约16599元，降幅达28.85%。父辈期望对中收入家庭的影响最大，高收入家庭次之，低收入家庭最小，挤出中等收入家庭非教育支出约12987元，降幅达26.89%。父辈期望对城乡家庭和不同收入家庭消费的影响也主要是通过增加预防性储蓄的方式。本节的估计结果虽符合预期，然而并不尽合人意。家庭对子女的高质量期望以及由此带来的高教育投入是人力资本投资的重要形式，却降低了家庭消费水平。

接着，本章利用中国家庭动态追踪调查（CFPS）数据，使用倾向得分匹配（PSM）实证分析方法研究了子女上大学与家庭消费之间的关系。通过对有无上大学子女家庭消费的实证研究，发现中国高等教育改革20余年后，学生资助政策体系已逐步成熟完善，家庭对上大学子女承担的教育支出与高等教育改革初期相比发生了显著变化。研究结果显示，有上大学子女的家庭与无上大学子女的家庭在消费上没有表现出显著差异，不管上大学的子女接受的是本科教育还是专科教育，均不影响家庭消费，并且该影响在城乡之间、不同收入等级家庭之间均无显著差异。目前，国家完善的奖/助学金制度可以在很大程度上保障贫困学生"学有所依"，家庭对子女的高等教育投入负担在减小。

因此，为减轻家庭负担、提高家庭消费能力和人力资本投资积极性，教育帮扶政策的重点应在于稳定家庭教育投入预期，着力减少家庭教育预防性储蓄。尤其在义务教育阶段，在校内教育支出受到严格控制的背景下，要避免校内教育支出"减负"无法弥补校外教育支出"增负"的现象。由于流动性不足，受限于信贷约束，"望子成龙"对低收入家庭和农村家庭影响较小，为提高其人力资本投资能力，应适当加强对这部分家庭的转移支付。基于目前国家完善的奖/助学金及助学贷款项目取得的优异效果，教育相关部门应进一步巩固和加强与社会团体、企业的资助合作，简化手续流程，严格落实各类助学项目，对待贫困学生可视专业及学制进行弹性安排，实行学分制的高校可在一定范围内压缩学生的学制，进一步减轻贫困学生的负担。

第六章　养老与抚幼代际扶持的交互与替代

中国具有浓厚的尊老爱幼传统，老幼被扶、壮年扶老幼，代际扶持往往贯穿于个体的整个生命周期。对于"上有老下有小"的成年已婚家庭而言，向上和向下的双向代际扶持是家庭消费的重要内容。根据生命周期世代交叠模型，受到有限资源的约束，中国家庭的效用函数就不再只是当期消费与未来消费的权衡，还包括对下一代提供的抚幼扶持的多寡和对上一代提供的养老赡养扶持的多寡。以效用最大化为目的的家庭在三代人之间权衡有限资源的配置，为平滑整个生命周期中的消费和储蓄改变其消费与储蓄决策。现有研究主要集中在研究接受代际扶持的家庭成员数量与家庭消费之间的关系，且结论并不统一，这可能是因为忽略了对接受扶持的老人质量和子女质量的分析。此外，鲜有文献涉及老人质量与子女质量的交互作用与替代作用。因此，本章分别以老人的健康状况、父辈对子代的教育期望作为衡量家庭成员中老人质量与子女质量的指标，将人口质量纳入模型分析，探讨家庭扶老和抚幼双向代际扶持行为对家庭消费的影响，并在老龄化和少子化的背景下，分析扶老与抚幼行为的交互作用和相互替代性。

第一节　理论模型分析

本章在世代交叠（OLG）模型的基础上进行扩展，假设家庭收入为 Y，花费在消费、储蓄、医疗和教育四个方面。家庭对子女质量的期望为 A_e，抚幼支出为 A_e^{α}；家庭对老人质量的期望是 A_o，养老支出为 A_o^{β}。家庭的效用函数为：

$$U = (A_e A_o)^{\lambda} \ln C_1 + \gamma \ln C_2 \tag{6-1}$$

其中，C_1、C_2 分别表示家庭的当期消费和老年期消费。$(A_e A_o)^{\lambda}$ 为家庭从老人质量和子女质量中获得的效用。代际扶持会通过增加预防性储蓄的方式挤出家庭消费。因此，假设 $A_e A_o$ 越大，所挤出的当期消费越多，故 $\lambda < 0$。在上述假定下：

$$C_1 = Y - A_e^{\alpha} - A_o^{\beta} - S \tag{6-2}$$

$$C_2 = (1+r)s \tag{6-3}$$

其中，r 表示利率。求解上述最优化过程，得：

$$C_1 = \frac{(1+r)(A_e A_o)^{\lambda}}{1+(1+r)(A_e A_o)^{\lambda}}(Y - A_e^{\alpha} - A_o^{\beta}) \tag{6-4}$$

假设 $r=0$。于是，式（4-3）简化为：

$$C_1 = \frac{(A_e A_o)^{\lambda}}{1+(A_e A_o)^{\lambda}}(Y - A_e^{\alpha} - A_o^{\beta}) \tag{6-5}$$

式（6-5）右端由两项构成。$Y - A_e^{\alpha} - A_o^{\beta}$ 关于 A_e 和 A_o 递减。根据式（6-3），该项在数值上等于 $C_1 + S$，大于 0。C_1 关于式（6-5）右端 $\frac{(A_e A_o)^{\lambda}}{1+(A_e A_o)^{\lambda}}$ 中的 A_e 求导，可得：

$$\frac{\partial C_1}{\partial A_e} = \frac{\lambda A_o (A_e A_o)^{\lambda-1}}{(1+(A_e A_o)^{\lambda})^2} \tag{6-6}$$

$\lambda < 0$，所以式（6-6）小于 0。因此，假设 $\frac{(A_e A_o)^{\lambda}}{1+(A_e A_o)^{\lambda}}$ 为 $f(A)$，

$Y-A_e^\alpha-A_o^\beta$ 为 $g(A)$，则 C_1 关于 $f(A)$ 中的 A_e 递减。同理，C_1 关于 $f(A)$ 中的 A_o 递减。由于 $f(A)$ 分子分母都大于 0，$f(A)$ 也大于 0。这样，式（6-5）可以改写为：

$$C_1 = f(A)g(A) \tag{6-7}$$

式（6-7）两端对 A 求导，可得：

$$\frac{\partial C_1}{\partial A} = f(A)'g(A) + f(A)g(A)' \tag{6-8}$$

由于 $f(A)$ 和 $g(A)$ 均关于 A 递减，且均大于 0，所以式（6-8）表明 C_1 关于 A_e 和 A_o 递减，这意味着家庭对子女质量和老人质量的期望越高，家庭消费越少，即子女与老人的实际质量与期望质量相差越大，家庭消费越少，代际扶持会减少家庭消费。式（6-5）两端对 A_e 求导，得：

$$\frac{\partial C_1}{\partial A_e} = \frac{(A_e A_o)^{\lambda-1}}{1+(A_e A_o)^{\lambda}} \left[\frac{\lambda A_e^{-1}}{1+(A_e A_o)^{\lambda}} (Y - A_e^\alpha - A_o^\beta) - \alpha A_e^{\alpha-1} \right] \tag{6-9}$$

$$\frac{\partial C_1}{\partial A_o} = \frac{(A_e A_o)^{\lambda-1}}{1+(A_e A_o)^{\lambda}} \left[\frac{\lambda A_o^{-1}}{1+(A_e A_o)^{\lambda}} (Y - A_e^\alpha - A_o^\beta) - \beta A_o^{\beta-1} \right] \tag{6-10}$$

根据上文类似的推理方式，式（6-9）和式（6-10）分别关于 A_o 和 A_e 递减。据此，本章提出研究假设 1。

研究假设 1：养老与抚幼存在交互作用，如抚幼对家庭消费的影响与养老有关，面对同样的抚幼负担，养老负担更大的家庭消费更低。

令式（6-9）和式（6-10）分别等于 0，可得效用最大化状态下的抚幼支出和养老支出，分别为：

$$A_e^\alpha = \frac{\lambda + \alpha + \alpha(A_e A_o)^\lambda}{\lambda}(Y - A_o^\beta) \tag{6-11}$$

$$A_o^\beta = \frac{\lambda + \beta + \beta(A_e A_o)^\lambda}{\lambda}(Y - A_e^\alpha) \tag{6-12}$$

由式（6-11）和式（6-12）可知，养老消费与抚幼消费相互替代。据此，本章提出研究假设 2。

研究假设 2：养老消费与抚幼消费相互替代。

第二节 计量模型设定与变量选取

一 计量模型设定

为验证子女质量和老人质量对家庭消费的影响,首先构建如下模型:

$$\ln(expensetotal) = \partial_0 + \partial_1 childquality + \partial_2 oldquality + \sum_{m=3}^{n} \partial_m controls + \varepsilon \tag{6-13}$$

其中,被解释变量为家庭总消费($expensetotal$)。核心解释变量为子女质量($childquality$)和老人质量($oldquality$),$controls$为一系列控制变量。根据研究假设1,预期∂_1和∂_2均小于0。家庭对子女和老人的代际扶持主要体现为教育消费和医疗消费,进一步构建如下模型:

$$\ln(expensenet) = \partial_0 + \partial_1 childquality + \partial_2 oldquality + \sum_{m=3}^{n} \partial_m controls + \varepsilon \tag{6-14}$$

式(6-14)的因变量为剔除了教育消费和医疗消费的家庭净消费($expensenet$)。同样预期∂_1和∂_2均小于0。

由于子女质量(老人质量)对家庭消费的影响可能与老人质量(子女质量)有关,我们通过加入两者的交互项对上述模型进行拓展:

$$\ln(expense) = \partial_0 + \partial_1 childquality + \partial_2 oldquality + \partial_3 childquality \times oldquality + \sum_{m=4}^{n} \partial_m controls + \varepsilon \tag{6-15}$$

式(6-15)的因变量为家庭总消费或净消费,$childquality \times oldquality$为儿童质量与老人质量的交互项,若其系数显著为负,则意味着两者存在交互作用,从而验证了本章的研究假设1。最后,为分析抚幼消费与养老消费是否存在替代作用,我们构造如下模型:

$$expense\_ = \partial_0 + \partial_1 childquality + \partial_2 oldquality + \sum_{m=3}^{n} \partial_m controls + \varepsilon \tag{6-16}$$

其中，因变量 expense_ 表示教育消费（expense_edu）或医疗消费（expense_medical）。教育消费为因变量时，若老人质量系数为负，则说明养老消费挤出了抚幼消费；医疗消费为因变量时，若子女质量系数为负，则说明抚幼消费挤出了养老消费。对模型（6-12）至模型（6-14）使用普通最小二乘法（OLS）进行估计。由于因变量存在较多 0 值，为避免估计偏误，模型（6-15）使用托宾（tobit）方法进行估计。

二 变量选取

本章所用全部变量来源于北京大学中国社会科学调查中心在 2014 年开展的中国家庭动态跟踪调查（CFPS2014），该数据由家庭库、个人库、儿童库和家庭关系库等子库组成，本章以家庭库为基础，使用个人编码和家庭编码对上述子库数据进行匹配和汇总。

（1）因变量。根据模型设定，本章的因变量有四个，依次为家庭总消费、教育消费、医疗消费，以及剔除教育消费和医疗消费的家庭净消费。

（2）核心解释变量。在本章中，老人质量与子女质量分别使用人力资本中的受教育程度与健康水平进行量化，子女质量与父母对子女质量的期望直接相关，因此选择该期望作为代理变量，假定期望与教育费用成正比，这涉及家庭的教育消费。老人质量指老人的健康状况，涉及家庭的医疗消费。本章用要求孩子做作业的频率和为了孩子学习放弃看电视的频率表示父辈对子代质量的期望。子女质量指标采用两种方式构建。第一种方式：若家庭没有入学子女，则取值 0，若家庭有入学子女，则对"从不""很少""偶尔""经常""很经常"要求孩子做作业（为了孩子学习放弃电视）依次取值 1、2、3、4、5，该种方式构建的子女质量指标分别用 ask 和 tv 表示。第二种方式：通过构建虚拟变量，以没有入学子女的家庭作为基组，以 tv 或 ask 取值为 1、2 和 3 的家庭作为对子女质量投入较少的一组，分别以 $dumtv1$ 和 $dumask1$ 表示，以 tv 或 ask 取值为 4 和

5 的家庭作为对子女质量投入较多的一组，分别以 *dumtv*2 和 *dumask*2 表示。

本章用 65 岁以上人口的健康水平作为老人质量，同样采用两种方式构建老人质量指标：第一种，若家庭无老人，则取值 0；若有老人，根据老人的健康状况，"非常健康""很健康""比较健康""一般""不健康"依次取值 1、2、3、4、5，用 *he* 表示。第二种同样通过构建虚拟变量，以无老人的家庭作为基组，以老人"非常健康""很健康"和"比较健康"的家庭作为老人质量较高的一组，用 *dumhe*1 表示，以老人"不健康"或"一般"的家庭作为老人质量较低的一组，用 *dumhe*2 表示。

（3）控制变量。根据 Lillard 和 Willis（1997）、Sloan 等（2002）、张文娟和李树茁（2004）、丁志宏（2014）等的研究，本章选用的控制变量包括家庭人口规模（*familysize*）、家庭收入（*lninc*）、户主的受教育水平及其平方（*edu*、*edus*）、户主年龄及其平方（*age*、*ages*）、家庭藏书量（*book*）、家庭户籍类型（*urban*）。其中，*urban* 为虚拟变量，农村家庭取值 0，城市家庭取值 1。此外，还控制了家庭所在省份。

第三节 实证结果及分析

一 养老抚幼对家庭消费的影响

表 6-1 报告了养老和抚幼对家庭消费影响的实证结果。方程（1）至方程（4）的因变量为家庭总消费，方程（1）和方程（2）使用第一种方式构造子女质量和老人质量指标，结果表明，为子代学习放弃看电视的频率或要求其做作业的频率每提高一个层级，家庭消费降低约 1.6%。这意味 *tv* 或 *ask* 取值为 5 时，家庭消费降低约 8%。*he* 的系数为 -0.01，说明老人的健康状况每降低一个层级，家庭消费约降低 1%。方程（3）和方程（4）使用第二种方式构造儿

表 6-1 "养老抚幼"对家庭消费的影响

因变量	(1) 总消费	(2) 总消费	(3) 总消费	(4) 总消费	(5) 净消费	(6) 净消费	(7) 净消费	(8) 净消费
tw	−0.016***				−0.013***			
$dumtw1$			−0.062***				−0.079***	
$dumtw2$			−0.081***				−0.089***	
ask		−0.016***				−0.019***		
$dumask1$				−0.056***				−0.043**
$dumask2$				−0.100***				−0.099***
he	−0.010**	−0.010**			−0.008	−0.009*		
$dumhe1$			−0.024	−0.024			−0.022	−0.005
$dumhe2$			−0.048**	−0.048**			−0.044*	−0.040*
$familysize$	0.155***	0.155***	0.156***	0.156***	0.151***	0.154***	0.155***	0.153***

续表

因变量	(1)总消费	(2)总消费	(3)总消费	(4)总消费	(5)净消费	(6)净消费	(7)净消费	(8)净消费
infincomper	0.218***	0.218***	0.218***	0.218***	0.244***	0.220***	0.220***	0.244***
edu	0.124***	0.123***	0.123***	0.123***	0.151***	0.123***	0.122***	0.149***
edus	-0.004*	-0.004*	-0.003*	-0.003*	-0.007***	-0.003*	-0.003*	-0.006*
age	0.090***	0.090***	0.090***	0.090***	0.120***	0.090***	0.090***	0.120***
ages	0.001***	0.001***	0.001***	0.001***	-0.001***	-0.001***	-0.001***	0.001***
book	0.070***	0.070***	0.070***	0.067***	0.076***	0.069***	0.069***	0.077***
urban	0.276***	0.276***	0.278***	0.277***	0.293***	0.275***	0.276***	0.294***
pro	Yes	Yes	Yes	Yes	Yes	Yes	Yes	Yes
cons	-10.98***	-11.02***	-11.07***	11.07***	-16.10***	-10.90***	-10.97***	-16.20***

注：***、**、*、" 分别表示在1%、5%、10%和15%的显著性水平上显著。

童质量和老人质量指标。方程（3）表明，相对于无入学子女的家庭，对子女质量期望较低的家庭消费降低6.2%，对子女质量期望较高的家庭消费降低8.1%。方程（4）表明，相对于无入学子女的家庭，对子女质量期望较低和较高的家庭的消费分别降低5.6%和10%。但根据方程（3）和方程（4），即使家庭有老人，若老人身体较为健康，也不会影响家庭消费，只有当老人健康欠佳时，才会降低家庭消费，降幅大约为4.8%。

方程（5）至方程（8）以净消费为因变量，结果同方程（1）至方程（4）大体相当。方程（5）和方程（6）表明，对子女质量的期望每提高一个层级，家庭消费降低约1.6%[①]。方程（7）和方程（8）表明。对子女质量期望越高的家庭，消费降低越多。在方程（5）和方程（6）中，老人质量对家庭消费的影响为负。在方程（7）和方程（8）中，$dumhe1$ 均不显著，$dumhe2$ 分别在10%和15%的显著性水平上显著，所以只有当老人健康状况欠佳时，才会影响家庭消费。对比子女质量和老人质量系数不难发现，相对于扶老，抚幼对家庭消费影响更大。

关于控制变量，家庭每增加一个成员，消费上升15%左右。家庭消费与收入正相关，收入提高1%，消费大约提高0.22%。户主的教育水平越高，家庭消费越高，但其对消费的影响存在边际递减。家庭消费与户主年龄、家庭藏书量大体正相关。与农村家庭相比，城市家庭消费大约高28%。

综合上述分析，本章认为家庭的养老和抚幼行为降低了家庭消费。家庭成员之间的代际扶持由于涉及有限资源的重新配置，会影响家庭消费决策。养老负担和抚幼负担越重，家庭消费降低越多。与养老相比，抚幼对家庭消费的影响更大。

二 养老抚幼的交互作用对家庭消费的影响

表6-2分析了养老和抚幼的交互作用对家庭消费的影响，$tv \times he$

---

① （1.3%+1.9%）/2。

和 $ask \times he$ 表示两者的交互项。两个交互项在方程（9）至方程（12）中均具有一定的显著性，所以养老负担和抚幼负担具有交互作用，这意味着养老（抚幼）负担对家庭消费的影响不仅与其自身有关，还与抚幼（养老）负担相关。

表 6-2　　"养老""抚幼"的交互作用与家庭消费

因变量	(9) 总消费	(10) 总消费	(11) 净消费	(12) 净消费
tv	-0.013***		-0.009*	
ask		-0.012***		-0.009**
he	-0.006	-0.004	-0.003	-0.001
tv×he	-0.004"		-0.004*	
ask×he		-0.005**		-0.005***
familysize	0.160***	0.161***	0.156***	0.157***
lnfincomeper	0.191***	0.190***	0.215***	0.215***
edu	0.136***	0.135***	0.167***	0.167***
edus	-0.006*	-0.005*	-0.009***	-0.009***
age	0.090***	0.090***	0.090***	0.090***
ages	0.001***	0.001***	0.001***	0.001***
book	0.071***	0.071***	0.077***	0.078***
urban	0.233***	0.232***	0.243***	0.243***
pro	Yes	Yes	Yes	Yes
cons	-11.80***	-11.87***	-16.99***	17.06***

注：***、**、*、"分别表示在1%、5%、10%和15%的显著性水平上显著。

方程（9）以总消费为因变量。在无老人的家庭，父辈对子女的质量期望每提高一个等级，家庭消费降低1.3%，但对于有老人的家庭，老人健康状况每下降一个等级，抚幼多降低家庭消费约0.4%。这意味着当 tv 和 he 均取5时，抚幼降低家庭消费约9%。这要高于上一部分的8%。所以忽略两者的交互作用，会造成低估代际扶持对家庭消费影响；在无人学子女的条件下，老人健康状况每降低一个等级，家庭消费降低约 0.6%[①]，但抚幼负担每提高一个等级，养老多降低家庭消费约 0.4%。方程（10）与方程（9）相对应，方程（11）和方程（12）以净消费为因变量，结果均与方程（9）大体相当，不再赘述。

所以，养老与抚幼相互加强，抚幼（养老）对家庭消费的影响随养老（抚幼）负担的提高而增强。这意味着，对子女质量期望最高、老人健康最差的家庭，消费降低最多。伴随着老龄化程度的不断提高，家庭中老人的数量不断增加，而且在经济社会发展过程中，家庭对子女质量的期望不断提高，这意味着，对于"上有老下有小"的家庭而言，代际扶持会在很大程度上降低其家庭消费，这需要引起政策制定者的关注。

三 抚幼消费和养老消费的替代性分析

表 6-3 分析了抚幼消费和养老消费的替代性。由于部分家庭的教育消费和医疗消费为 0，故本节采用 Tobit 模型进行估计。

表 6-3　　　　　　抚幼消费与养老消费的替代效应

因变量	(13) 教育	(14) 教育	(15) 教育	(16) 教育	(17) 医疗	(18) 医疗	(19) 医疗	(20) 医疗
tv	767***				-338**			
$dumtv1$			4137***				-1361*	
$dumtv2$			4233***				-1307	
ask		855***				-268*		
$dumask1$				3887***				-1241*
$dumask2$				4841***				-1616*
he	43	36			211	209		
$dumhe1$			418	394			41	36
$dumhe2$			-132	-144			823	818

---

① 虽然 he 的显著性不太显著，但在与交互项的联合显著性检验中却是显著的。所以，本章认为 he 的系数具有一定的经济意义。

续表

因变量	(13) 教育	(14) 教育	(15) 教育	(16) 教育	(17) 医疗	(18) 医疗	(19) 医疗	(20) 医疗
familysize	459***	464***	502***	493***	1214***	1199***	1217***	1220***
ln*incomeper*	-90	-79	-51	-62	194	199	191	192
edu	-144	-78	-55	-53	-139	-150	-155	-159
edus	79	77	78	78	9	11	11	12
age	24	25	24	23	-628	-559	-615	-627
ages	-0.018*	-0.017*	-0.017*	-0.016*	0.156	0.139	0.154	0.156
book	115	76	38	35	-68	-74	-62	-63
urban	733	743	777	750	1609**	1599**	1596	1601**
pro	Yes	Yes	Yes	Yes	Yes	Yes	Yes	Yes
cons	-10	-212	-578	-564	6309	5633	1489	6299

注：***、**、*分别表示在1%、5%和10%的显著性水平上显著。

方程（13）至方程（16）以教育消费为因变量。方程（13）和方程（14）的结果分别表明，家庭对子女质量的投入每提高一个等级，教育消费增加767元和855元。方程（15）和方程（16）表明，与没有入学子女的家庭相比，对子女质量投入较低的家庭教育消费分别增加4137元和3887元，对子女质量投入较高的家庭教育消费分别增加4233元和4841元。显然，对子女质量的投入越高，教育消费越多。但在方程（13）至方程（16）中，老人质量系数均不显著，所以养老消费对抚幼消费无影响。

方程（17）至方程（20）以医疗消费为因变量，可以发现老人质量对医疗消费的影响虽然为正，但在统计上并不显著（p值大约为0.3）。一个可能的解释是，在有老人的家庭，子女对老人的关注不够，虽然通过增加预防性储蓄降低了家庭消费，但只有老人生病以后才会治疗，所以老人质量对家庭医疗的影响不显著。在方程（17）和方程（18）中，*tv*和*ask*的系数为负，这表明随着对子代质量投入的提高，家庭医疗消费降低。方程（20）则表明，对子女质量投入较多的家庭挤出的医疗消费更多，比无老人的家庭多1616

元，比对子女质量投入较少的家庭多 375 元。因此，抚幼挤出医疗消费。

由此可见，抚幼挤出了养老消费，但养老对抚幼消费无影响。该结论与现实较符合，对于"上有老下有小"的家庭来说，在家庭资源的分配上抚养子女优先于赡养老人。

四 稳健性检验

该部分使用老人的医疗保险状况作为老人质量指标对上述结论进行稳健性研究。老人质量指标采用两种方式构建：第一种，若家庭没有老人，则取值 0，若有老人，且老人均有医疗保险，取值 1，否则取值 2，用 bx 表示；第二种，同样通过构建虚拟变量，以没有老人的家庭作为基组，以老人有保险作为老人质量较高的一组，用 $dumbx1$ 表示，若老人无医疗保险则归入老人质量较低的一组，用 $dumbx2$ 表示。表 6-4 报告了稳健性检验结果。

方程（21）同方程（2）相对应，方程（22）同方程（6）相对应，方程（23）同方程（4）相对应，三个方程表明，养老与抚幼降低了家庭消费。老人质量越低，对子女质量的期望越高，家庭消费就越低。这同表 6-1 的结论是一致的。方程（24）和方程（25）对表 6-2 的结论进行了稳健性检验，可见养老与抚幼依然存在交互作用，说明表 6-2 的估计是可信的。方程（26）和方程（27）估计了养老与抚幼的替代作用。方程（26）表明，对子女质量的期望降低了家庭医疗消费，所以抚幼挤出养老消费。方程（27）表明，养老对家庭教育消费无影响，这与表 6-3 的结论一致。综上所述，本章的估计结果是稳健的。

表 6-4　　　　　　　　稳健性检验

变量	(21)	(22)	(23)	(24)	(25)	(26)	(27)
	总消费	净消费	总消费	总消费	总消费	医疗	教育
tv					-0.012***		

续表

变量	(21)总消费	(22)净消费	(23)总消费	(24)总消费	(25)总消费	(26)医疗	(27)教育
ask	-0.016***	-0.013***		-0.013***			
dumask1			-0.055***			-1446***	3966***
dumask2			-0.099***			-926*	4903***
bx	-0.06***	-0.108***		-0.053***	-0.051***		
dumbx1			-0.049			2388***	-1381
dumbx2			-0.096***			2750***	-612
tv×bx					-0.013*		
ask×bx				-0.010			
familysize	0.162***	0.160***	0.163***	0.163***	0.163***	1197	531***
lnfincomeper	0.188***	0.212***	0.188***	0.189***	0.189***	-29	-79
edu	0.133***	0.163***	0.132***	0.133***	0.134***	-29	-54
edus	-0.005*	-0.008**	-0.005	-0.005*	-0.005*	-17	77
age	0.090***	0.011***	0.090***	0.090***	0.090***	63***	28
ages	0.001***	0.001***	0.001***	0.001***	0.001***	-0.03***	-0.019*
book	0.071***	0.078***	0.071***	0.071***	0.071***	86	38
urban	0.235***	0.246***	0.235***	0.235***	0.236***	334	775
pro	Yes	Yes	Yes	Yes	Yes	Yes	Yes
cons	-10***	-13***	-9***	-10***	-10***	-1934	-383

注：***、**、*分别表示在1%、5%、10%的显著性水平上显著。

第四节 本章小结

伴随着老人健康状况的持续改善，老人数量的增加可能并不会加重家庭扶养负担，从而对家庭消费的影响可能并不明显。伴随着经济社会发展水平的不断提高，家庭对子女的关注由数量逐渐转向质量，对子女教育的投入成为抚幼成本的重要组成部分。本章从人口质量视角，研究了双向代际扶持与家庭消费的关系。首先，对世代交叠模型进行了扩展，数理模型表明，代际扶持降低了家庭消费，而且养老和抚幼存在交互作用和替代作用。然后，利用中国家庭动态追踪调查（CFPS）数据进行实证检验，研究表明，养老负担和抚幼负担越重，家庭消费降低越多。对子女质量的期望每提高一个层级，家庭消费降低约 1.6%，对子女质量期望越高的家庭，消费降低越多。若老人身体较为健康，则不会影响家庭消费，只有当老人健康欠佳时，才会降低家庭消费，降幅大约为 4.8%。在无入学子女的条件下，老人健康状况每降低一个等级，家庭消费降低约 0.6%。与养老负担相比，抚幼负担对家庭消费的影响更大。同时，养老与抚幼行为存在交互作用，养老（抚幼）负担对家庭消费的影响不仅与其自身有关，还与抚幼（养老）负担相关，即对子女质量投入最多、老人健康最差的家庭，消费降低最多。此外，抚幼消费会挤出养老消费，而后者对前者无影响。

综上所述，在中国代际扶持行为对家庭消费的影响显著，面对来自社会和家庭内部双重的"望子成龙"压力，面对孝道伦理的自我约束，夹在赡养老人与抚养子女之间的"夹心"家庭负担沉重，需切实减轻家庭的养老负担和抚幼负担。在减轻养老负担方面，政府各级部门应进一步完善中国各项养老保障制度，使社会公共保障政策对代际扶持产生有益的补充，提振家庭消费潜力；进一步加快完善商业养老保险，完善老年群体的养老保险计划，缓解预期寿命不断延长带来的压力。在减轻抚养子女负担方面，学校和教育部门应切实制定有效政策，努力提高校内教育的效率，发挥义务教育应有的作用，应倡导家长和学校改变教育理念，将改革重点放在校外减负，着力减轻校外课业辅导负担，避免口头减负和书面减负，缓解抚幼负担过重对家庭消费的挤出；相关部门应针对"上有老下有小"的家庭制定减负政策，或加大转移支付力度，促进居民消费和经济健康的长期持续增长。

第七章 子女婚姻状况对家庭消费的影响

经济社会快速发展，物质文明极大丰富，人们精神压力反而变大，中国近年来出现年轻一代晚婚现象，"结婚难"和"婚不起"现象频发，子女的婚姻成了父母的"心头大事"，从"催婚"等词的高频出现可见一斑，子女婚姻状况成了衡量子女质量的重要因素之一。本章将子女婚姻状况纳入人口质量的范畴，利用微观家庭数据研究子女婚姻状况对父辈家庭消费的影响，深入探讨家庭中儿子和女儿的婚姻状况如何影响家庭消费，并进一步就该种影响在城乡之间、不同收入家庭之间的异质性展开研究。

第一节 影响机制

子女婚姻依靠父辈的代际扶持已经是中国家庭的普遍现象。受传统文化的影响，中国子女的婚姻大事关系年轻一代子女和父辈两代人，父母将为子女准备婚姻大事视为责任和义务。与子代对父辈提供的代际扶持力度相比，父辈对子女进行的代际扶持往往更多，作为付出更多的一方，父辈甘愿为子女结婚而储蓄，呈现出自愿自发"被剥削"的代际倾斜特点，学者形象地将代际倾斜现象称为"逆反哺"或"恩往下流"。中国近年来存在男女比例失调的问题，造成了中国婚姻市场男性过剩与女性短缺的现象。婚恋市场压力的剧增，使家庭需要为儿子的婚事提前进行预防性储蓄（王跃生，2008）。加之近年来婚姻市场高额的婚姻消费，带来的支出不确定性进一步强化了家庭的预防性储蓄动机,"为结婚而储蓄"抑制了居民消费。Wei(2010)提出了竞争性储蓄理论,该理论指出众多父母为了提高子女在婚姻市场上的竞争力,为子女结婚而竞相增加储蓄、减少消费。婚姻市场的扭曲为家庭带来巨大压力。因此,子女的婚姻状况也应被视为人口质量的重要度量因素,然而鲜有文献研究代际扶持视角下子女婚姻状况对父辈家庭消费的影响。

第二节 计量模型设定与变量选取

本章所用全部数据来源于北京大学中国社会科学调查中心在2014年开展的中国家庭动态跟踪调查(CFPS2014)。该数据由家庭库、个人库、儿童库和家庭关系库等子库组成,本章以家庭库为基础,剔除所有已婚家庭,仅选择子女未婚的家庭样本,使用个人编码和家庭编码对上述子库数据进行匹配和汇总,共获得7738个家庭作为样本。

为了验证子女婚姻状况对家庭消费的影响,首先构建如下回归模型:

$$\ln expense = c + \alpha_1 weihunn \tag{7-1}$$

其中,被解释变量为家庭总消费的对数,核心解释变量为未婚子女数量($weihunn$),考虑到子女婚姻对父辈家庭消费的影响可能具有持续性,因此选择仅有未婚子女家庭的样本。进一步,本章构建如下模型:

$$\ln expense = c + \alpha_1 weihunn + \alpha_2 weihunage \tag{7-2}$$

在模型(7-2)的基础上,进一步控制未婚子女年龄。若有多个未婚子女,取未婚子女中年龄较大子女之值。再次设定如下模型:

$$\ln expense = c + \alpha_1 weihunn + \alpha_2 weihunage + \beta_1 childn + \beta_2 above65 +$$
$$\beta_3 familysize + \beta_4 \ln incomeper + \beta_5 edu + \beta_6 agen + \beta_7 west +$$

$$\beta_8 east + \beta_9 fs8 + \beta_{10} urban14 + \varepsilon \qquad (7-3)$$

模型（7-3）在模型（7-2）的基础上进一步控制了一系列家庭特征变量，包括：15岁以下儿童数量（$childn$）、65岁以上老人数量（$above65$）、家庭人口规模（$familysize$）、家庭人均收入（$\ln fincomeper$）、家庭成员的最高学历（edu）、户主年龄（$agen$）、家庭户籍类型（$urban$）。其中，$urban$ 为虚拟变量，农村家庭取值为0，城市家庭取值为1。

为检验未婚男孩和未婚女孩对家庭消费的影响，设定模型（7-4）：

$$\ln expense = c + \alpha_1 nan + \alpha_2 weihunn + \beta_1 childn + \beta_2 above65 + \beta_3 familysize +$$
$$\beta_4 \ln fincomeper + \beta_5 edu + \beta_6 agen + \beta_7 west + \beta_8 east +$$
$$\beta_9 fs8 + \beta_{10} urban14 + \varepsilon \qquad (7-4)$$

其中，nan 表示家庭有未婚男孩，对照组为家庭仅有未婚女孩。为检验子女婚姻对家庭净消费的影响，本章将模型（7-1）至模型（7-3）中的家庭总消费替换成家庭净消费，再次进行估计。此外，本章还进行了稳健性检验。在稳健性检验中，本章首先设定如下模型：

$$\ln expense = c + \alpha_1 weihunagedum + \varepsilon \qquad (7-5)$$

其中，$weihunagedum$ 表示家庭是否有未婚子女；若未婚子女年龄小于等于20岁则为对照组，取值为0，否则取值为1。

$$\ln expense = c + \alpha_1 weihunn + \varepsilon \qquad (7-6)$$

模型（7-6）的核心解释变量为 $weihunn$，表示大于20岁且仍未婚的子女数量。本章在模型（7-7）中还考察了未婚子女年龄对家庭消费的影响：

$$\ln expense = c + \alpha_1 weihunagenn + \varepsilon \qquad (7-7)$$

在模型（7-8）中，本章同时控制了大于20岁且未婚子女的数量和年龄：

$$\ln expense = c + \alpha_1 weihunn + \alpha_2 weihunagenn + \varepsilon \qquad (7-8)$$

最后，本章还在模型（7-9）中控制了一系列家庭特征变量：

$$\begin{aligned}\ln expense = &c + \alpha_1 weihunnn + \alpha_2 weihunagenn + \beta_1 childn + \beta_2 above65 + \\ &\beta_3 familysize + \beta_4 \ln incomeper + \beta_5 edu + \beta_6 agen + \beta_7 west + \\ &\beta_8 east + \beta_9 fs8 + \beta_{10} urban14 + \varepsilon\end{aligned} \qquad (7-9)$$

第三节 实证结果及分析

一 基准回归

表7-1报告了子女婚姻状况对父辈家庭消费的影响。方程（1）在不控制任何变量的条件下报告了子女婚姻状况对家庭消费的影响。可见，子女结婚与否对家庭消费具有显著影响。未婚子女数量每增加一个，家庭消费降低9.18%。方程（2）进一步考察了未婚子女年龄对家庭消费的影响，未婚子女年龄对家庭消费具有显著影响，年龄每增加一岁，家庭消费降低1.19%。未婚子女数量对家庭消费的影响虽有所下降，但是仍然显著。在方程（3）中，从控制变量来看，家庭中未婚子女数量每增加一个，消费降低1.61%；老人数量每增加一个，消费降低7.65%；家庭人口规模对家庭消费的影响较为显著，家庭成员每增加一个，家庭消费提高11.16%；家庭人均收入每提高1%，家庭消费提高20.74%；户主受教育水平对家庭消费的影响大体呈倒"U"形，户主年龄对家庭消费的影响也呈倒"U"形；城市家庭比农村家庭消费高4.16%。

方程（4）至方程（6）考察了子女婚姻状况对家庭净消费（总消费减去对父母提供的医疗支出和对子女的教育支出）的影响，与方程（1）至方程（3）依次对应。子女婚姻状况对家庭净消费的影响与对总消费的影响大体相当，且方程（6）对控制变量的估计结果与方程（3）大体相当。这进一步说明本章估计结果的稳健性。由此可见，子女婚姻状况显著影响家庭总消费与家庭净消费。

表 7-1　子女婚姻状况对父辈家庭消费的影响：全样本

因变量	(1) lnexpense	(2) lnexpense	(3) lnexpense	(4) lnexpense~d	(5) lnexpense~d	(6) lnexpense~d
weihunn	-0.0918***	-0.0076***	-0.0161	-0.0921***	-0.0765***	-0.0131
weihunage		-0.0119***	-0.0063***		-0.0114***	-0.0061***
childn			-0.0465***			-0.0563***
above65			-0.0765***			-0.0767***
familysize			0.1116***			0.1135***
lnfincomeper			0.2074***			0.2079***
edu			0.1213***			0.1212***
agen			-0.0012***			-0.0012***
west			-0.0207			-0.0126
east			0.1208***			0.1266***
fs8			0.0599***			0.0586***
urban14			0.0416***			0.0436***
cons	10.7224***	10.8880***	8.0002***	10.7121***	10.8703***	7.9763***

注：*** 表示在 1% 的显著性水平上显著。

与未婚子女数量相比，家庭中未婚子女年龄对父辈家庭消费的影响可能更显著。方程（2）和方程（5）控制了未婚子女年龄，可见未婚子女数量对家庭消费的影响显著降低。方程（3）和方程（6）表明，在控制一系列家庭特征以后，未婚子女数量对家庭消费的影响不再显著。伴随着经济社会发展，中国开始出现晚婚的趋势，这可能成为抑制中国居民消费的重要因素。

表 7-2 进一步考察了家庭中是否有未婚男孩对家庭消费的影响。结果发现，相对于仅有未婚女孩的家庭，有未婚男孩的家庭消费低 4.41%，这与中国家庭传统婚姻观念相符，说明父辈在"为子女结婚而储蓄"时因子女性别差异而存在异质性，儿子对家庭消费的挤出效应要大于女儿，并且存在显著的区域差别。从控制变量来看，与中部家庭相比，东部家庭消费高 11.7%，而西部家庭则低 3.6%；老人数量每增加一个，消费降低 7.61%；家庭人口规模对家庭消费的影响较为显著，家庭成员每增加一个，家庭消费提高 12.02%；家庭人均收入每提高 1%，家庭消费提高 23.25%；户主受教育水平对家庭消费的影响大体呈倒"U"形；户主年龄对家庭消费的影响也呈倒"U"形；城市家庭比农村家庭消费高 2.62%。

表 7-2　子女婚姻状况对父辈家庭消费的影响：子女分性别

因变量	(7)
	$lnexpense$
nan	−0.0441**
$weihunnn$	0.0977***
$childn$	0.0050
$above65$	−0.0761***
$familysize$	0.1202***
$lnfincomeper$	0.2325***
edu	0.1232***
$agen$	−0.0006*

续表

因变量	(7)
	lnexpense
west	-0.0360
east	0.1170***
fs8	0.0590***
urban14	0.0262**
cons	7.7389***

注：***、**、*分别表示在1%、5%、10%的显著性水平上显著。

表7-3分城乡报告了子女婚姻状况对父辈家庭消费的影响。方程（8）在不控制任何变量的条件下报告了子女婚姻状况对城市家庭消费的影响。从结果来看，未婚子女对父辈家庭消费具有显著影响，未婚子女每增加一个，家庭消费降低10.45%。方程（9）进一步控制了子女的其他特征，未婚子女年龄对家庭消费具有显著影响，年龄每增加一岁，家庭消费降低0.94%。这与表7-1的变化趋势基本相同。在方程（10）中，从控制变量来看，未婚子女数量每增加一个，消费降低8.64%；老人数量每增加一个，消费降低3.56%；其他家庭成员每增加一个，家庭消费提高14.66%；家庭收入每提高1%，家庭消费提高27.86%；户主受教育水平和年龄对家庭消费的影响大体呈倒"U"形。

方程（11）至方程（13）考察了子女婚姻状况对农村家庭消费的影响。方程（11）在不控制任何变量的条件下报告了未婚子女对农村家庭消费的影响。未婚子女对父辈家庭消费的影响不显著，这可能与遗漏了未婚子女年龄有关，受限于较低的收入，农村家庭可能并不会因年幼未婚子女而调整家庭消费储蓄决策。方程（12）进一步控制了未婚子女年龄对家庭消费的影响，未婚子女年龄对父辈家庭消费有显著影响，未婚子女年龄每增加一岁，父辈家庭消费下降1.46%，虽不如对城市家庭消费的影响大，但是仍然显著。在方程（13）中，从控制变量来看，未婚子女每增加一个，消费降低

3.18%；老人数量每增加一个，消费降低11.28%；其他家庭成员每增加一个，家庭消费提高10.9%；家庭收入每提高1%，家庭消费提高14.93%；户主受教育水平和年龄对家庭消费的影响大体呈倒"U"形。综合上述分析，表7-3的分析结论表明，子女婚姻对城市家庭的影响更大。当前，中国城市化率不断提高，城乡不断融合，农村家庭受城市的影响将越来越明显，这可能成为进一步影响家庭消费的重要因素。

表7-3　　子女婚姻状况对父辈家庭消费的影响：分城乡

因变量	(8) lnexpense	(9) lnexpense	(10) lnexpense	(11) lnexpense	(12) lnexpense	(13) lnexpense
weihunn	-0.1045***	-0.0905***	-0.0335	0.0214	0.0421**	0.0206
weihunage		-0.0094***	-0.0049***		-0.0146***	-0.0068***
childn			-0.0864***			-0.0318*
above65			-0.0356			-0.1128***
familysize			0.1466***			0.1090***
lnfincomeper			0.2786***			0.1493***
edu			0.0956***			0.0909***
agen			-0.0053***			-0.0009**
west			0.0408			-0.0382
east			0.0828***			0.0827***
fs8			0.0510***			0.0559***
urban14						
cons	10.9680***	11.0991***	7.6429***	10.3409***	10.5389***	8.4591***

注：***、**、*分别表示在1%、5%、10%的显著性水平上显著。

表7-4按照家庭收入高低对样本进行划分，报告了子女婚姻状况对父辈家庭消费的影响。方程（14）在不控制任何变量的条件下

报告了子女婚姻状况对高收入家庭消费的影响。从结果来看，有未婚子女对父辈家庭消费具有显著影响，家庭消费降低21.25%。方程（15）进一步控制了子女的其他特征，未婚子女年龄对家庭消费具有显著影响，年龄每增加一岁，家庭消费降低0.92%。这与表7-1的变化趋势基本相同。在方程（16）中，从控制变量来看，未婚子女数量每增加一个，消费降低5.54%；老人数量每增加一个，消费降低6.52%；其他家庭成员每增加一个，家庭消费提高14.33%；家庭收入每提高1%，家庭消费提高42.56%；户主受教育水平和年龄对家庭消费的影响大体呈倒"U"形。

方程（17）至方程（19）考察了子女婚姻状况对低收入家庭消费的影响。方程（17）在不控制任何变量的条件下报告了未婚子女对低收入家庭消费的影响。未婚子女对父辈家庭消费的影响不显著。这同样可能是因为低收入家庭不会为年幼子女调整消费与储蓄决策。方程（18）和方程（19）进一步控制了未婚子女特征和其他家庭特征，未婚子女年龄对父辈家庭消费有显著影响，年龄每增加一岁，父辈家庭消费下降1.45%，仍然显著。需要指出的是，在方程（18）中，未婚子女数量对家庭消费的影响为正，这可能是因为方程（18）遗漏了控制变量。在方程（19）中，进一步控制了其他解释变量，此时未婚子女数量不再显著。从控制变量来看，未婚子女每增加一个，消费降低7.04%；老人数量每增加一个，消费降低4.20%；其他家庭成员每增加一个，家庭消费提高13.42%；家庭收入每提高1%，家庭消费提高12.39%；户主受教育水平和年龄对家庭消费的影响大体呈倒"U"形。因此，表7-4的分析结论说明，子女婚姻对高收入家庭的影响更大。这充分表明，高收入家庭具有强烈的动机通过降低消费来提高子女婚姻质量。虽然低收入家庭同样具有强烈的动机，但是受制于流动性约束，调整的空间不大。

表 7-4　　　　子女婚姻状况对父辈家庭消费的影响：
　　　　　　　　高收入与低收入样本

因变量	(14) lnexpense	(15) lnexpense	(16) lnexpense	(17) lnexpense	(18) lnexpense	(19) lnexpense
weihunn	-0.2125***	-0.1957***	-0.0721**	0.0185	0.0387**	-0.0134
weihunage		-0.0092***	-0.0071***		-0.0145***	-0.0043***
childn			-0.0554			-0.0704***
above65			-0.0652**			-0.0420**
familysize			0.1433***			0.1342***
lnfincomeper			0.4256***			0.1239***
edu			0.1107***			0.0793***
agen			0.0002			-0.0118***
west			-0.0554			-0.0611**
east			0.1483***			0.0594**
fs8			0.0725***			0.0455**
urban14			0.0533***			0.0333***
cons	11.2037***	11.3322***	5.7896***	10.4004***	10.5958***	9.2129***

注：***、**分别表示在1%、5%的显著性水平上显著。

二　稳健性检验

在稳健性检验中，本章以家庭中未婚子女的年龄对样本进行划分，将未婚子女年龄小于等于20岁作为对照组，未婚子女年龄大于等于21岁作为处理组。表7-5报告了未婚子女年龄对家庭消费的影响。方程（20）表明，与未婚子女年龄较小的家庭相比，未婚子女年龄较大的父辈家庭消费仍低18.16%。即使控制了其他解释变量，方程（21）说明与未婚子女年龄较小的家庭相比，未婚子女年龄较大的父辈家庭消费仍低11.78%。因此，相对于未婚子女年龄较小的家庭来说，未婚子女年龄较大的父辈家庭"为子女结婚"所做的准备较多，预防性储蓄动机较强，对家庭消费的挤占效应较大。

表 7-5　　未婚子女年龄对父辈家庭消费的影响：
对照组为子女年龄小于等于 20 岁的家庭

因变量	(20)	(21)
	lnexpense	lnexpense
weihunagedum	−0.1816***	−0.1178***
childn		−0.0465***
above65		−0.1010***
familysize		0.1169***
lnfincomeper		0.2103***
edu		0.1293***
west		−0.0195
east		0.1231***
fs8		0.0568***
urban14		0.0418***
cons	10.6457***	7.7989***

注：***表示在1%的显著性水平上显著。

表 7-6 报告了年龄较大未婚子女数量对父辈家庭消费的影响。方程（22）表明，与控制组家庭相比，年龄较大的未婚子女数量每增加一个，父辈家庭消费降低 8.66%。即使控制了其他解释变量，方程（23）表明上述结论依然成立。因此，未婚子女数量越多，父辈家庭"为子女结婚"所做的准备越多，预防性储蓄动机越强，对家庭消费的挤占效应越大。在方程（24）中，与有年幼未婚子女的家庭相比，在有年龄较大未婚子女的家庭中，未婚子女年龄每增加一岁，家庭消费降低 0.86%。在控制一系列家庭特征的条件下，方程（25）表明，家庭消费低 0.49%。方程（26）表明，在控制未婚子女年龄的条件下，未婚子女数量与家庭消费正相关，这可能是因为未婚子女数量计入家庭成员。方程（27）进一步控制了家庭成员

数量等家庭特征变量,此时未婚子女数量不再显著,但是未婚子女年龄依然显著,未婚子女年龄每增加一岁,家庭消费降低0.62%,未婚子女年龄对家庭消费的影响大于未婚子女数量对家庭消费的影响。

表7-6　稳健性检验:未婚子女数量对父辈家庭消费的影响

因变量	(22) lnexpense	(23) lnexpense	(24) lnexpense	(25) lnexpense	(26) lnexpense	(27) lnexpense
weihunnn	-0.0866***	-0.0491***			0.0767***	0.0301
weihunagenn			-0.0086***	-0.0049***	-0.0121***	-0.0062***
childn		-0.0395***		-0.0488***		-0.0440***
above65		-0.1040***		-0.0921***		-0.0875***
familysize		0.1205***		0.1142***		0.1114***
lnfincomeper		0.2093***		0.2088***		0.2090***
edu		0.1292***		0.1281***		0.1285***
west		-0.0172		-0.0191		-0.0206
east		0.1229***		0.1235***		0.1239***
fs8		0.0579***		0.0559***		0.0553***
urban14		0.0414***		0.0417***		0.0419***
cons	10.6289***	7.7703***	10.6656***	7.8344***	10.6605***	7.8377***

注:***表示在1%的显著性水平上显著。

第四节　本章小结

随着中国男女比例的拉大与婚恋市场压力的增加,中国父母为子女婚事进行预防性储蓄成为"中国式结婚"的鲜明特点。近年来,婚姻市场高额的婚姻消费、支出增加的不确定性进一步强化了家庭"为结婚而储蓄"的动机,进而抑制了居民消费。本章考察了未婚子女数量与年龄对家庭消费的影响。研究结果表明：子女结婚与否对家庭消费具有显著影响，未婚子女数量越多，消费越少；未婚子女数量每增加一个，家庭消费降低 9.18%；未婚子女年龄对家庭消费具有显著影响，年龄每增加一岁，家庭消费降低 1.19%；与未婚子女数量相比，未婚子女年龄对消费的影响更加显著。但当控制一系列家庭特征以后，未婚子女数量对家庭消费的影响不再显著。伴随着经济社会的发展，中国开始出现晚婚的趋势，这可能成为抑制中国居民消费的重要因素。

相对于仅有未婚女孩的家庭来说，有未婚男孩的家庭消费降低 4.41%，这与中国家庭传统婚姻观念相符，说明父辈为"为子女结婚而储蓄"因子女性别差异而存在异质性，儿子对家庭消费的挤出效应要大于女儿对家庭消费的影响，并且存在显著的区域差别。相对于有年龄较小未婚子女的家庭，有年龄较大未婚子女的父辈家庭"为子女结婚"所做的准备更多，预防性储蓄动机更强，对家庭消费的挤占效应更大。

与农村家庭相比，城市家庭中的父辈受子女婚嫁约束更大，子女婚姻对城市家庭的影响也更大。当前，中国城市化率不断提高，城乡不断融合，农村家庭受到的影响将越来越明显，这可能成为进一步影响家庭消费的因素。子女婚姻对高收入家庭的影响更大，这充分表明高收入家庭具有强烈的动机通过降低消费来提高子女婚姻质量。虽然低收入家庭同样具有强烈的动机，但是受制于流动性约束，调整的空间不大。

第八章 结论与政策建议

第一节 主要结论

本书基于现代消费理论和世代交叠模型,以代际扶持为切入点,借助微观家庭数据,将人口质量因素纳入成年已婚子女的效用函数,研究了代际扶持影响家庭消费的作用机制以及社会公共保障政策对居民消费潜力释放的作用。

本书通过建立符合中国现实的理论分析框架,将家庭成员人口质量纳入理论分析框架,围绕成年已婚家庭进行的"养老"代际扶持与"抚幼"代际扶持行为对家庭消费的影响展开研究。首先,研究父辈的健康水平与成年已婚家庭消费之间的关系,进一步分析公共医疗保障的家庭外部效应及对"家庭养老"的替代作用。其次,分析父辈对子代的教育期望、义务教育、高等教育与家庭消费的关系,并探究高等教育体制改革对家庭消费的影响。再次,对"养老"与"抚幼"代际扶持行为的交互作用及替代作用进行分析,深入研究双向代际扶持之间的交互与替代对居民家庭消费的影响。最后,把子女的婚姻状态作为度量人口质量的因素,分析子女婚姻状态与父辈家庭消费之间的关系。

总结全书,得出以下主要结论。

第一,本书以老人的健康状况作为衡量老人质量的变量,构建了包含老人质量的世代交叠模型。实证研究发现,老人健康状况显著影响家庭总消费与家庭净消费。老人健康状况越差，家庭对老人的赡养负担越重，预防性储蓄动机越强，对家庭消费的挤出越多。与无老人的家庭相比，老人健康状况较好的家庭消费低 13.44%，老人健康状况较差的家庭消费低 18.55%。养老负担在城乡间差别不大，"家庭养老"未表现出明显的城乡差异。这说明在中国传统文化熏陶下，老人的养老问题大多依靠子女进行家庭养老的传统模式并未发生太大变化，不管在城市还是农村，"家庭养老"都是普遍存在的社会现象。因为受到家庭收入的预算约束，家庭需要在养老和其他开支之间进行权衡分配，为老人健康提供代际扶持而调整家庭消费的空间，与低收入家庭相比，"家庭养老"对高收入家庭的影响更大。

第二，本书将父辈的公共社会保障状况纳入子代家庭的消费效用函数中，以医疗保险为例，本书研究了向上代际扶持与家庭消费的关系。实证研究发现，父辈参加医疗保险的子代家庭，其消费显著高于父辈没有参加医疗保险的子代家庭消费，处理组比控制组家庭消费显著高 18% 左右。医疗保险可以在一定程度上替代家庭养老，减轻子代家庭的养老负担，父辈参加医疗保险，能够显著提高子代家庭消费。公共社会保障效应具有溢出性和家庭外部性，为中国公共医疗保障体系的完善提供了实证依据。女儿与儿子养老负担在城乡间表现出显著差异，城市中父代有保险的女儿家庭的消费比没有保险家庭的消费平均高 53%，在儿子家庭则消费高 40%，女儿在家庭养老中承担的责任高于儿子。该影响还存在显著的城乡和区域差异。城市家庭父辈有保险的子代家庭消费比父辈没有保险的子代家庭消费平均高近 30%，但在农村家庭消费影响不显著；东部地区父辈有保险的子代家庭消费比没有保险的子代家庭消费平均高近 27%，但在中西部家庭消费差异不显著。此外，在父辈有医疗保险的成年子女家庭中，45—55 岁的子女家庭消费受影响显著。

第三，本书将父辈对子代的教育期望、子女受教育程度作为衡量子女质量的指标，按照子女受教育阶段对样本进行划分，分别研究了义务教育阶段和高等教育阶段家庭向下代际扶持与消费的关系。研究结果表明，父辈对子女的高质量期望对家庭的教育消费支出与非教育消费支出有显著影响。义务教育阶段子女入学主要通过挤出非教育支出而增加预防性储蓄的方式降低家庭消费；父辈期望也主要通过挤出非教育支出的方式，显著提高家庭教育储蓄，显著降低家庭非教育消费 10562 元，占对照组家庭非教育消费的 18.65%。对城乡和不同收入家庭消费的影响也主要是通过增加预防性储蓄的方式。与农村家庭相比，城市家庭中父辈期望挤出其非教育消费 19971 元，降幅达 28.85%。父辈期望对中收入家庭的影响最大，对高收入家庭次之，对低收入家庭最小，父辈期望挤出中等收入家庭非教育支出 12987 元，降幅达 26.89%。在此基础上，本书进一步分析高等教育支出对家庭消费的影响，研究结果显示有大学生子女的家庭与无大学生子女的家庭在消费上没有表现出显著差异。该影响在城乡、不同收入家庭之间也无显著差异。中国高等教育改革已过 20 余年，目前完善的奖/助学金制度等学生资助政策体系已逐步成熟完善，可以在很大程度上保障贫困学生"学有所依"，家庭对子女的高等教育投入负担在减小。

第四，本书将老人健康与子女质量统一纳入世代交叠模型，分析双向代际扶持之间的交互作用与替代作用。从交互作用来看，养老负担和抚幼负担越重，家庭消费降低越多。对子女的质量期望每提高一个层级，家庭消费降低 1.6%，对子女质量期望越高的家庭，消费降低越多。若老人身体较为健康，则不会影响家庭消费；老人健康欠佳时才会降低家庭消费，降幅为 4.8%。在无入学子女的条件下，老人的健康状况每降低一个等级，家庭消费降低 0.6%。与养老代际扶持负担相比，抚幼代际扶持负担对家庭消费的影响更大。养老（抚幼）负担对家庭消费的影响不仅与其自身有关，也与抚幼（养老）负担相关，即对子女质量投入最多，老人健康最差的家庭，消费降低得最多。抚幼消费会挤出养老消费，在家庭收入约束下，抚幼代际扶持行为优先于养老代际扶持行为。

第五，本书将子女的婚姻状态纳入人口质量的范畴内，研究了子女的婚姻状况对家庭消费的影响。研究结果表明，子女结婚与否对家庭消费具有显著影响，未婚子女数量每增加一个，家庭消费降低9.18%；未婚子女年龄每增加一岁，家庭消费降低1.19%。与未婚子女数量相比，未婚子女年龄对消费的影响更显著。相对于仅有未婚女孩的家庭来说，有未婚男孩的家庭消费低4.41%，这与中国家庭传统婚姻观念相符，父辈"为子女结婚而储蓄"因子女性别差异而存在异质性，儿子对家庭消费的挤出效应要大于女儿，并且存在显著的区域和城乡差别。相对于有年龄较小的未婚子女家庭来说，有年龄较大的未婚子女的父辈家庭"为子女结婚"所做的准备越多，预防性储蓄动机越强，对家庭消费的挤占效应越大。子女婚姻状况对城市家庭的影响较大，父辈受子女婚嫁约束比农村家庭更大。此外，子女婚姻状况对高收入家庭的影响更大，高收入家庭具有强烈的动机通过降低消费来提高子女婚姻质量。虽然低收入家庭同样具有强烈的动机，但是受制于流动性约束，调整消费的空间不大。

第二节　政策建议

在当前背景下，消费对中国经济的作用日益凸显，增强消费尤其是居民消费对经济发展的基础性作用成为促进经济高质量发展的关键所在。作为消费主力的成年已婚家庭承担的养老代际扶持与抚幼代际扶持负担限制了家庭消费潜力的释放。在中国，代际扶持行为对家庭消费影响显著，社会医疗保险保障制度在家庭外部效应上对消费有显著影响，面对来自社会和家庭内部双重的"望子成龙"压力，面对孝道伦理的自我约束，夹在赡养老人与抚养子女之间的家庭负担沉重，本书认为政府应该进一步完善各项公共保障政策，削减代际扶持行为对已婚家庭消费的抑制，切实减轻家庭的养老负担和抚幼负担，提振居民消费。

在减轻养老负担方面，政府各级部门应进一步完善包括医疗保险在内的社会保障体系，贯彻和落实中国各项公共养老保障制度，使社会公共保障政策对代际扶持产生有益的补充，提振家庭消费潜力；进一步完善商业养老保险，完善老年群体的养老保险计划，缓解预期寿命不断延长带来的压力。发挥医疗保险等社会保障对"家庭养老"的替代作用，减轻子代家庭赡养老人的医疗和养老负担，释放居民消费潜力；实现社会保障服务供给的均等化，城镇居民医疗保险和职工医疗保险的缴费额比"新农合"高，城市居民的医疗保障比农村居民高，因此要进一步提高农村居民医疗保障水平，降低农村居民和中西部地区居民支出的不确定性；加大对社会医疗保险的宣传力度，特别是在农村及中西部地区的医疗保障宣传工作，改变落后地区的观念，提高人们对社会保险的接受度与信任度。出台相关扶持政策，鼓励商业保险发展，使其成为家庭养老和政府养老的有益补充，形成多种保险形式共同减轻家庭养老负担的局面，促进居民消费潜力的释放，促进经济健康持续增长。

为减轻抚养子女家庭的负担，提高家庭的消费能力和人力资本投资的积极性，应强化教育帮扶政策，稳定家庭教育投入预期，着力减少家庭教育预防性储蓄。相关部门应针对"上有老下有小"的家庭制定减负政策，或加大转移支付力度，促进居民消费和经济的健康长期持续增长。尤其在义务教育阶段，在校内支出受到严格控制的背景下，要避免校内教育支出"减负"无法弥补校外支出"增负"的现象。学校和教育部门应切实制定有效政策，努力提高校内教育的效率，发挥义务教育应有的作用，倡导家长和学校改变教育理念，靶向校外减负，着力减轻校外课业辅导负担，避免口头减负和书面减负，缓解抚幼负担过重对家庭消费的挤出；由于流动性不足，受限于信贷约束，望子成龙对低收入家庭和农村家庭影响较小，为提高其人力资本投资能力，应适当加强对这部分家庭的转移支付。基于目前国家完善的奖/助学及助学贷款项目取得的优异效果，教育相关部门应进一步巩固和加强与社会团体、企业金融系统的资助合作，简化手续流程，严格落实各类助学项目，对待贫困学生可视专业及学制进行弹性安排，实行学分制的高校可在一定范围内压缩学生的学制，进一步减轻贫困学生的负担。

作为关系缔结和情感表达的方式，婚姻不应使父辈家庭在子女结婚消费上承担过重的经济负担，相关部门应该通过宣传教育引导居民婚嫁理性消费，树立正确的婚姻观、彩礼观，不流于形式，不倡导攀比风，不追随奢华风，倡导健康的婚嫁消费理念。政府相关部门应该着力调整政策，引导男女性别比恢复平衡，缩小收入差距，削弱婚姻推迟对家庭消费的抑制作用。鉴于中国普遍存在的"恩往下流"代际扶持倾斜现状，社会舆论应加强宣传教育，改变年轻人成年后依然依靠父辈提供代际扶持的现状，加大对老人扶养赡养的力度，切实减轻老人负担，释放老年群体的消费潜力。

参考文献

［英］安格斯·迪顿、约翰·米尔鲍尔：《经济学与消费者行为》，龚志民等译，中国人民大学出版社 2005 年版。

［美］安格斯·迪顿：《理解消费》，胡景北、鲁昌译，上海财经大学出版社 2002 年版。

白重恩、李宏彬、吴斌珍：《医疗保险与消费：来自新型农村合作医疗的证据》，《经济研究》2012 年第 2 期。

包海芹：《高等教育学费制度变迁研究》，《清华大学教育研究》2008 年第 2 期。

薄嬴：《代际支持对农村老年人医疗消费的影响——基于 2011 年 CHARLS 数据的分析》，《消费经济》2016 年第 5 期。

蔡昉：《人口红利与中国经济可持续增长》，《甘肃社会科学》2013 年第 1 期。

蔡昉：《人口转变、人口红利与经济增长可持续性——兼论充分就业如何促进经济增长》，《人口研究》2004 年第 2 期。

钞小静、任保平：《城乡收入差距与中国经济增长质量》，《财贸研究》2014 年第 5 期。

钞小静、沈坤荣：《城乡收入差距、劳动力质量与中国经济增长》，《经济研究》2014 年第 6 期。

陈赤平、丰倩：《动态视角下我国农村社会保障制度变革对农村居民消费的影响》，《消费经济》2014 年第 6 期。

陈强编著：《高级计量经济学及 Stata 应用（第二版）》，高等教育出版社 2014 年版。

陈沁、宋铮：《城市化将如何应对老龄化？——从中国城乡人口流动到养老基金平衡的视角》，《金融研究》2013年第6期。

陈晓宇、闵维方：《成本补偿对高等教育机会均等的影响》，《教育与经济》1999年第3期。

陈彦斌、郭豫媚、姚一旻：《人口老龄化对中国高储蓄的影响》，《金融研究》2014年第1期。

储成兵、李平：《基于非正式制度视角下的三期代际交叠模型》，《中央财经大学学报》2014年第2期。

楚红丽：《义务教育阶段家庭教育支出分布的不均等水平》，《华中师范大学学报》（人文社会科学版）2008年第2期。

丁志宏：《城市子女对老年父母经济支持的具体研究》，《人口学刊》2014年第4期。

董丽霞、赵文哲：《人口结构与储蓄率：基于内生人口结构的研究》，《金融研究》2011年第3期。

杜双燕：《"单身"热潮的社会学解析》，《西北人口》2008年第5期。

费孝通：《家庭结构变动中的老年赡养问题——再论中国家庭结构的变动》，《北京大学学报》（哲学社会科学版）1983年第3期。

甘犁、刘国恩、马双：《基本医疗保险对促进家庭消费的影响》，《经济研究》2010年第S1期。

高梦滔：《新型农村合作医疗与农户储蓄：基于8省微观面板数据的经验研究》，《世界经济》2010年第4期。

高梦滔：《子女教育与农户消费：基于8省微观面板数据的经验研究》，《南方经济》2011年第12期。

高云虹、李帅娜：《家庭资产结构变动对城镇居民消费的影响》，《财经科学》2018年第10期。

耿志祥、孙祁祥：《人口老龄化、延迟退休与二次人口红利》，《金融研究》2017年第1期。

何兴强、史卫:《健康风险与城镇居民家庭消费》,《经济研究》2014年第5期。

贺菊煌:《用基本的生命周期模型研究储蓄率与收入增长率的关系》,《数量经济技术经济研究》1998年第3期。

侯风云:《农村外出劳动力收益与人力资本状况相关性研究》,《财经研究》2004年第4期。

胡翠、许召元:《人口老龄化对储蓄率影响的实证研究——来自中国家庭的数据》,《经济学(季刊)》2014年第4期。

黄学军、吴冲锋:《社会医疗保险对预防性储蓄的挤出效应研究》,《世界经济》2006年第8期。

江克忠等:《中国家庭代际转移的模式和动机研究——基于CHARLS数据的证据》,《经济评论》2013年第4期。

孔祥智、涂圣伟:《我国现阶段农民养老意愿探讨——基于福建省永安、邵武、光泽三县(市)抽样调查的实证研究》,《中国人民大学学报》2007年第3期。

赖明勇、张新、彭水军、包群:《经济增长的源泉:人力资本、研究开发与技术外溢》,《中国社会科学》2005年第2期。

李春琦、张杰平:《中国人口结构变动对农村居民消费的影响研究》,《中国人口科学》2009年第4期。

李德煌、夏恩君:《人力资本对中国经济增长的影响——基于扩展Solow模型的研究》,《中国人口·资源与环境》2013年第8期。

李谷成、冯中朝、范丽霞:《教育、健康与农民收入增长——来自转型期湖北省农村的证据》,《中国农村经济》2006年第1期。

李培林、李强、马戎主编:《社会学与中国社会》,社会科学文献出版社2008年版。

李实、John Knight:《中国城市中的三种贫困类型》,《经济研究》2002年第10期。

李文利:《高等教育私人支出、家庭贡献与资助需求分析》,

《教育与经济》2006年第1期。

李文星、徐长生、艾春荣：《中国人口年龄结构和居民消费：1989—2004》，《经济研究》2008年第7期。

李晓嘉、蒋承：《我国农村家庭消费倾向的实证研究——基于人口年龄结构的视角》，《金融研究》2014年第9期。

李扬、殷剑峰：《中国高储蓄率问题探究——1992—2003年中国资金流量表的分析》，《经济研究》2007年第6期。

厉以宁主编：《中国宏观经济的实证分析》，北京大学出版社1992年版。

刘精明：《中国基础教育领域中的机会不平等及其变化》，《中国社会科学》2008年第5期。

刘铠豪、刘渝琳：《中国居民消费增长的理论机理与实证检验——来自人口结构变化的解释》，《劳动经济研究》2014年第2期。

刘生龙、胡鞍钢、郎晓娟：《预期寿命与中国家庭储蓄》，《经济研究》2012年第8期。

刘永平、陆铭：《从家庭养老角度看老龄化的中国经济能否持续增长》，《世界经济》2008年第1期。

刘兆博、马树才：《基于微观面板数据的中国农民预防性储蓄研究》，《世界经济》2007年第2期。

龙志和、周浩明：《中国城镇居民预防性储蓄实证研究》，《经济研究》2000年第11期。

马双、臧文斌、甘犁：《新型农村合作医疗保险对农村居民食物消费的影响分析》，《经济学（季刊）》2011年第1期。

毛中根、孙武福、洪涛：《中国人口年龄结构与居民消费关系的比较分析》，《人口研究》2013年第3期。

苗国：《从青年单身浪潮反思观念上的代际冲突——结合个案访谈对大城市未婚族的一项研究》，《中国青年研究》2006年第12期。

穆光宗：《家庭养老制度的传统与变革——基于东亚和东南亚地区的一项比较研究》，华龄出版社 2002 年版。

乔学杰：《高校招生收费制度改革的回顾和思考》，《有色金属高教研究》1994 年第 4 期。

尚昀、臧旭恒：《家庭资产、人力资本与城镇居民消费行为》，《东岳论丛》2016 年第 4 期。

施建淮、朱海婷：《中国城市居民预防性储蓄及预防性动机强度：1999—2003》，《经济研究》2004 年第 10 期。

时磊：《减免义务教育费用会促进农村教育发展？——来自苏北农村家庭的证据》，《财贸研究》2010 年第 4 期。

孙霄兵：《高等教育体制改革的历史成就及其发展方向》，《中国高等教育》2008 年第 Z3 期。

田青、郭汝元、高铁梅：《中国家庭代际财富转移的现状与影响因素——基于 CHARLS 数据的实证研究》，《吉林大学社会科学学报》2016 年第 4 期。

汪伟：《计划生育政策的储蓄与增长效应：理论与中国的经验分析》，《经济研究》2010 年第 10 期。

王欢、黄健元：《中国人口年龄结构与城乡居民消费关系的实证分析》，《人口与经济》2015 年第 2 期。

王建志、任继球、齐乾：《我国居民消费问题研究——基于子女数量、内生时间偏好视角》，《宏观质量研究》2016 年第 2 期。

王领、张余：《中国人口年龄结构与储蓄率研究》，《消费经济》2015 年第 4 期。

王沫凝：《我国人口结构与质量因素对居民储蓄率影响的研究》，《价格理论与实践》2016 年第 12 期。

王跃生：《中国家庭代际关系的理论分析》，《人口研究》2008 年第 4 期。

温涛、杨涛、王汉杰：《改造人力资本促进农民收入超常规增长的政策建议》，《西南大学学报》（社会科学版）2017 年第 3 期。

吴斌珍、李宏彬、孟岭生、施新政：《大学生贫困及奖助学金的政策效果》，《金融研究》2011年第12期。

吴书雅：《高额婚姻消费对家庭关系的影响探析——基于豫西南地区X村的实地调查》，《新西部》2018年第20期。

［美］西奥多·W. 舒尔茨：《论人力资本投资》，吴珠华等译，北京经济学院出版社1990年版。

席卫华、李军：《我国高等教育学费制度变迁研究》，《价格月刊》2009年第8期。

肖作平、廖理、张欣哲：《生命周期、人力资本与家庭房产投资消费的关系——来自全国调查数据的经验证据》，《中国工业经济》2011年第11期。

闫新华、杭斌：《收入不平等与家庭教育支出——基于地位关注的视角》，《山西财经大学学报》2017年第5期。

燕翔：《教育回报、收入预期与居民消费关系研究》，《商业时代》2014年第11期。

杨成钢、闫东东：《质量、数量双重视角下的中国人口红利经济效应变化趋势分析》，《人口学刊》2017年第5期。

杨继军、任志成、程瑶：《人口年龄结构如何影响经济失衡——理论与中国的经验分析》，《财经科学》2013年第1期。

杨建芳、龚六堂、张庆华：《人力资本形成及其对经济增长的影响——一个包含教育和健康投入的内生增长模型及其检验》，《管理世界》2006年第5期。

杨汝岱、陈斌开：《高等教育改革、预防性储蓄与居民消费行为》，《经济研究》2009年第8期。

殷俊、刘一伟：《子女数、居住方式与家庭代际支持——基于城乡差异的视角》，《武汉大学学报》（哲学社会科学版）2017年第5期。

殷善福：《我国农村居民消费函数模型的实证研究》，《安徽农业科学》2009年第21期。

余永定、李军:《中国居民消费函数的理论与验证》,《中国社会科学》2000 年第 1 期。

臧文斌、刘国恩、徐菲、熊先军:《中国城镇居民基本医疗保险对家庭消费的影响》,《经济研究》2012 年第 7 期。

臧旭恒:《中国消费函数分析》,上海三联书店 1994 年版。

张川川、陈斌开:《"社会养老"能否替代"家庭养老"?——来自中国新型农村社会养老保险的证据》,《经济研究》2014 年第 11 期。

张金宝:《城市家庭的经济条件与储蓄行为——来自全国 24 个城市的消费金融调查》,《经济研究》2012 年第 S1 期。

张文娟、李树茁:《农村老年人家庭代际支持研究——运用指数混合模型验证合作群体理论》,《统计研究》2004 年第 5 期。

张晔、程令国、刘志彪:《"新农保"对农村居民养老质量的影响研究》,《经济学(季刊)》2016 年第 2 期。

赵志君:《我国居民储蓄率的变动和因素分析》,《数量经济技术经济研究》1998 年第 8 期。

郑妍妍、李磊、刘斌:《"少子化""老龄化"对我国城镇家庭消费与产出的影响》,《人口与经济》2013 年第 6 期。

钟宇平、陆根书:《高等教育成本回收对公平的影响》,《北京大学教育评论》2003 年第 2 期。

周绍杰、张俊森、李宏彬:《中国城市居民的家庭收入、消费和储蓄行为:一个基于组群的实证研究》,《经济学(季刊)》2009 年第 4 期。

周逸先、崔玉平:《农村劳动力受教育与就业及家庭收入的相关分析》,《中国农村经济》2001 年第 4 期。

Ando, A., Moro, A., Cordoba, J. P., et al., "Dynamics of Demographic Development and Its Impact on Personal Saving: Case of Japan", *Ricerche Economiche*, Vol. 49, No. 3, 1995.

Bakshi, G. S., Chen, Z., "The Spirit of Capitalism and Stock-

Market Prices", *American Economic Review*, Vol. 86, No. 1, 1996.

Barro, R. J., MacDonald, G. M., "Social Security and Consumer Spending in an International cross Section", *Journal of Public Economics*, Vol. 11, No. 3, 1979.

Barro, R. J., "Are Government Bonds Net Wealth?", *Journal of Political Economy*, Vol. 82, No. 6, 1974.

Becker, G. S., Chiswick, B. R., "Education and the Distribution of Earnings", *American Economic Review*, Vol. 56, No. 1/2, 1966.

Becker, G. S., *Human Capital: A Theoretical and Empirical Analysis, with Special Reference to Education*, 3rd edition, Chicago: The University of Chicago Press, 1994.

Becker, G. S., "A Theory of Social Interactions", *Journal of Political Economy*, Vol. 82, No. 6, 1974.

Benjamin, D., Brandt, L., Glewwe, P., et al., "Markets, Human Capital and Inequality: Evidence from Rural China", in Freeman, R. B., ed., *Inequality around the World*, London: Palgrave Macmillan, 2002.

Blieszner, R., Mancini, J. A., "Enduring Ties: Older Adults' Parental Role and Responsibilities", *Family Relations*, Vol. 36, No. 2, 1987.

Brody, E. M., "The Informal Support System and Health of the Future Aged", in Gaitz, C. M., Niederehe, G., Wilson, N. L., eds., *Aging 2000: Our Health Care Destiny*, New York: Springer, 1985.

Buiter, W. H., Carmichael, J., "Government Debt: Comment", *American Economic Review*, Vol. 74, No. 4, 1984.

Burr, J. A., Mutchler, J. E., "Race and Ethnic Variation in Norms of Filial Responsibility among Older Persons", *Journal of Marriage and Family*, Vol. 61, No. 3, 1999.

Börsch-Supan, A., Stahl, K., "Life Cycle Savings and Consumption Constraints: Theory Empirical Evidence and Fiscal Implications", *Journal of Population Economics*, Vol. 4, No. 3, 1991.

Cai, F., Giles, J., Meng, X., "How Well do Children Insure Parents against Low Retirement Income? An Analysis Using Survey Data from Urban China", *Journal of Public Economics*, Vol. 90, No. 12, 2006.

Chamon, M. D., Prasad, E. S., "Why are Saving Rates of Urban Households in China Rising?", *American Economic Journal: Macroeconomics*, Vol. 2, No. 1, 2010.

Choukhmane, T., Coeurdacier, N., Jin, K., "The One-Child Policy and Household Savings", CEPR Discussion Paper, No. DP9688, 2013.

Cicirelli, V. G., "A Measure of Filial Anxiety Regarding Anticipated Care of Elderly Parents", *Gerontologist*, Vol. 28, No. 4, 1988.

Cicirelli, V. G., "Family Support in Relation to Health Problems of the Elderly", in Brubaker, T. H., ed., *Family Relationship in Later Life*, Newbury Park, CA: Sage, 1990.

Cox, D., "Motives for Private Income Transfers", *Journal of Political Economy*, Vol. 95, No. 3, 1987.

Deaton, Angus S., *The Analysis of Household Surveys: A Microeconometric Approach to Development Policy*, Washington, D. C.: World Bank Group, 1997.

Deaton, A., *Understanding Consumption*, Oxford University Press, 1992.

Eisdorfer, C., Kessler, D. A., Spestor, A. N., eds., *Caring for the Elderly: Reshaping Health Policy*, Baltimore, MD: John Hopkins University Press, 1989.

Feldstein, Martin, "Social Security, Induced Retirement, and Aggregate Capital Accumulation", *Journal of Political Economy*, Vol. 82,

No. 5, 1974.

Hall, Robert E., "Stochastic Implications of the Life Cycle-Permanent Income Hypothesis: Theory and Evidence", *Journal of Political Economy*, Vol. 86, No. 6, 1978.

Hubbard, R. G., Skinner, J., Zeldes, S. P., "Precautionary Saving and Social Insurance", *Journal of Political Economy*, Vol. 103, No. 2, 1995.

Hurd, M. D., Smith, J. P., Zissimopoulos, J., "Intervivos Giving over the Lifecycle", Working Paper, WR-524-1, RAND, 2011.

Kelley, A. C., Schmidt, R. M., "Saving, Dependency and Development", *Journal of Population Economics*, Vol. 9, No. 4, 1996.

Kohli, M., Künemund, H., Hrsg., *Die zweite Lebenshälfte: Gesellschaftliche Lage und Partizipation im Spiegel des Alters-Survey*, 2., erweiterte Auflage, Wiesbaden: VS Verlag für Sozialwissenschaften, 2005.

Kraay, Aart, "Household Saving in China", *The World Bank Economic Review*, Vol. 14, No. 3, 2000.

Lee, Y. J., Xiao, Z., "Children's Support for Elderly Parents in Urban and Rural China: Results from a National Survey", *Journal of Cross-Cultural Gerontology*, Vol. 13, No. 1, 1998.

Leff, N. H., "Dependency Rates and Savings Rate", *American Economic Review*, Vol. 59, No. 5, 1969.

Leimer, D. R., Richardson, D. H., "Social Security, Uncertainty Adjustments and the Consumption Decision", *Economica*, Vol. 59, No. 235, 1992.

Leung, S. F., "The Dynamic Effects of Social Security on Individual Consumption, Wealth and Welfare", *Journal of Public Economic Theory*, Vol. 4, No. 4, 2002.

Li, W., "Family Background, Financial Constraints and Higher

Education Attendance in China", *Economics of Education Review*, Vol. 26, No. 6, 2007.

Lillard, L. A., Willis, R. J., "Motives for Interqenerational Transfers: Evidence from Malaysia", *Demography*, Vol. 34, No. 1, 1997.

Liu, Q., Reilly, B., "Income Transfers of Chinese Rural Migrants: Some Empirical Evidence from Jinan", *Applied Economics*, Vol. 36, No. 12, 2004.

Lund, B., *Understanding State Welfare: Social Justice or Social Exclusion?* Sage, 2002.

Meng, X., "Unemployment, Consumption Smoothing, and Precautionary Saving in Urban China", *Journal of Comparative Economics*, Vol. 31, No. 3, 2003.

Modigliani, F., Brumberg, R., "Utility Analysis and the Consumption Function: An Interpretation of Cross-Section Data", in Kurihara, K., ed., *Post-Keynesian Economics*, New Brunswick: Rutgers University Press, 1954.

Modigliani, F., Cao, S. L., "The Chinese Saving Puzzle and the Life – Cycle Hypothesis", *Journal of Economic Literature*, Vol. 42, No. 1, 2004.

Park, K. H., "Educational Expansion and Educational Inequality on Income Distribution", *Economics of Education Review*, Vol. 15, No. 1, 1996.

Philipson, T. J., Becker, G. S., "Old – Age Longevity and Mortality – Contingent Claims", *Journal of Political Economy*, Vol. 106, No. 3, 1998.

Ram, R., "Dependency Rates and Aggregate Savings: A New International Cross-Section Study", *American Economic Review*, Vol. 72, No. 3, 1982.

Rossi, A. S., Rossi, P. H., *Of Human Bonding: Parent-Child Relations across the Life Course*, Tronsation Publishers, 1990.

Sagner, A., Mtati, R. Z., "Politics of Pension Sharing in Urban South Africa", *Ageing and Society*, Vol. 19, No. 4, 1999.

Schultz, T. W., "Investment in Human Capital", *Economic Journal*, Vol. 82, No. 326, 1972.

Schultz, T. W., "The Emerging Economic Science and Its Relation to High-School Education", in F. S. Chase, H. A. Anderson and H. Commager, eds., *The High School in a New Era*, Chicago: University of Chicago Press, 1958.

Scott, L. C., Smith, L. H., Rungeling, B., "Labor Force Participation in Southern Rural Labor Markets", *American Journal of Agricultural Economics*, Vol. 59, No. 2, 1977.

Silverstein, M., Gans, D., Yang, F. M., "Intergenerational Support to Aging Parents: The Role of Norms and Needs", *Journal of Family Issues*, Vol. 27, No. 8, 2006.

Silverstein, M., Conroy, S. J., "Intergenerational Transmission of Moral Capital aross the Family Life Course", in Schönpflug, U., ed., *Cultral Transmission: Psychological, Developmental, Social, and Methodological Aspects*, Cambridge University Press, 2009.

Sloan, F. A., Zhang, H. H., Wang, J., "Upstream Intergenerational Transfers", *Southern Economic Journal*, Vol. 69, No. 2, 2002.

Starr-McCluer, M., "Health Insurance and Precautionary Savings", *American Economic Review*, Vol. 86, No. 1, 1996.

Stein, C. H., Wemmerus, V. A., Ward, M., Gaines, M. E., Freeberg, A. L., Jewell, T., "'Because They're My Parents': An Intergenerational Study of Felt Obligation and Parental Caregiving", *Journal of Marriage and the Family*, Vol. 60, No. 3, 1998.

Stone, R., Cafferata, G. L., Sangl, J., "Caregivers of the Frail

Elderly: A National Profile", *Gerontologist*, Vol. 27, No. 5, 1987.

Summers, L., Carroll, C., "Why is U.S. National Saving so Low?", *Brookings Papers on Economic Activity*, Vol. 18, No. 2, 1987.

Tian, Q., "Intergeneration Social Support Affects the Subjective Well-Being of the Elderly: Mediator Roles of Self-Esteem and Loneliness", *Journal of Health Psychology*, Vol. 21, No. 6, 2014.

Troll, L. E., *Family Issues in Current Gerontology*, New York: Springer, 1986.

Yakita, A., "Uncertain Lifetime, Fertility and Social Security", *Journal of Population Economics*, Vol. 14, No. 4, 2001.

后 记

岁月如苍狗白云，在此书写作的几年间，体会着经济学的魅力，也体会着写作的艰辛。时常沉醉在许多经济学家朋友的智慧中，得到灵感和思想火花的碰撞，内心感动并温暖。

在此书付梓之际，感谢我的硕士研究生导师刘庆林教授、博士研究生导师臧旭恒教授，他们带领我跨入学术之堂奥，对我悉心鞭策，才有了今日之成果。感谢山东师范大学经济学院的各位领导和同事给予的鼓励和支持。中国社会科学出版社的工作人员为本书的编校和出版付出了辛勤的劳动，没有他们的督促，也就没有本书的顺利出版，在此表示衷心感谢。

张 倩

2024 年 12 月